U-30

Under 30 Architects exhibition 2011
30歳以下の若手建築家7組による建築の展覧会

もくじ｜Contents

004-005	特別寄稿｜伊東豊雄	084-095	特集｜U-30 世代の建築家
006-007	概要		香月真大　　　推薦文 渡辺詞男
008-009	開催にあたって		小松一平　　　推薦文 山下喜明
010-015	展覧会によせて		齋藤隆太郎　　推薦文 真鍋恒博
	会場風景		西山広志 奥平桂子　推薦文 吉井歳晴
016-083	作品一覧　会場構成		藤田雄介　　　推薦文 平塚桂
	加藤比呂史　ヴィクトリア・ティーマー	096-105	出展者座談会
	Osaka Garden House / Lucky House	106-109	特別寄稿｜五十嵐太郎
	寄稿文｜藤本壮介		出展者プロフィール
	大西麻貴		作品リスト　キャプション
	二重螺旋の家		記念シンポジウム
	インタビュ｜大西麻貴	116-117	あとがき｜平沼孝啓
	瀬戸口洋哉ドミニク		会場風景
	島と梅の家・Samsonow の村		スポンサー
	寄稿文｜山内靖朗		
	米澤隆		
	パラコンテクスト　アーキテクチャー		
	インタビュ｜米澤隆		
	金野千恵		
	向陽ロッジアハウス		
	寄稿文｜塚本由晴		
	増田信吾　大坪克亘		
	小さな部屋		
	インタビュ｜増田信吾　大坪克亘		
	海法圭		
	空飛ぶマンタ		
	寄稿文｜西沢大良		

被災したのは君達の
「設計コンセプト」ではないか

伊東豊雄
建築家

　被災した「せんだいメディアテーク」を訪れたのは震災発生後3週目である。この時館内にはまだ、「卒業設計日本一決定戦」のために展示された学生達の模型が残されていた。震災後館内の立入りが禁止されたからである。模型は床に落下して破損したり、スプリンクラーの水を浴びて無惨な姿をさらしていた。

　建築の被災状況をチェックするため、それらの模型の間を歩き回りながら、精魂込めてつくられた模型の悲惨な姿を見るのは忍びなかった。しかし私には、被災したのはこれらの模型以上に、模型の背後に存在する「設計のコンセプト」のように思われてならなかった。「設計のコンセプト」は被災した、というより被災するべきだった、というべきかもしれない。何故なら私は、日頃から、学生達の提唱する「設計のコンセプト」なるものに大きな不信感を抱いているからである。

　勿論すべてとは言わないが、彼らの唱えるコンセプトは「コンセプトのためのコンセプト」でしかない。設計に携わる者だけが理解しうる、「建築」という枠の内でしか通用しないコンセプトなのである。

　例えば集合住宅の設計をする学生達は多い。その多くがコモンスペースをやたらと提案したがる。コミュニティをつくりたいからだと言う。そしてスペースさえ用意すれば直ちに住民達

は親しくなれると思い込んでいる。でもそんなこと位でコミュニティが形成されるなら、とっくに実現しているはずである。何故それは社会に浸透しないのか。

　しかし多くの学生達はその理由を考えたりはしない。ひたすらナイーブに、自分の提案の善意のみを信じている。大学内の講評会でも表現さえ美しければ、「そのコンセプトはいいね」で提案はまかり通っていく。その提案が社会に浸透しないのは、社会のどこに原因があるのか、或いは浸透させるためには社会にどのような仕組みをつくれば実現できるのかを考えることはまずない。それは自分の考えることではない、きっと誰かがやってくれると思い込んでいる。ほんのわずかな提案でも、従来にはなかったことを社会に浸透させるのに、どれ程膨大なエネルギーと時間を費やさねばならないか、その点に想いを馳せる想像力に欠けている。

　本当に設計をやりたいのであれば、美しい図面を描く前に、いま自分が所属している社会はどのような仕組みで構成されているのか、その社会を実現するために自分は何をすべきか、といったはっきりしたヴィジョンを持つべきである、と私は考える。言い換えれば、自分が生きる社会の構成員としての自覚と責任を明確にすることである。

　そうした自覚と責任を考える上で、3.11の震災はまたとない機会であった。地震や津波によって家や家族を失った人々はいま、瓦礫をかき分けながら、或いは劣悪な仮設住宅の仮住まいのなかから、立ち上がろうともがいている。そんな暮らしのなかからでも、何とかしてコミュニティを復活しようと頑張っている。

　そんな人々の格闘の姿を前にした時、卒業製作の提案の数々は、いかに空疎な絵空事に過ぎないかを認識せざるを得ないのではないか。私は建築を志す若い人々が、被災地を訪れ、ゼロから立ち上がろうとしている人々の姿をしっかりと見届けて欲しいと思う。そしてそのような人々に自分はどのような手を差し伸べることができるのかを真剣に考えて欲しいと思う。

　これからのまちや建築は、この現実を見る確かな眼差しからしか始まりようがないからである。

U-30

Under 30 Architects exhibition 2011
30歳以下の若手建築家7組による建築の展覧会

2011年9月9日(金)-2011年10月10日(月・祝)
12:00-20:00　会期中無休［合計32日間］

ODPギャラリー
〒559-0034　大阪市住之江区南港北2-1-10
アジア太平洋トレードセンター(ATC) ITM棟10階
ODP(大阪デザイン振興プラザ)

主　催	特定非営利活動法人アートアンドアーキテクトフェスタ
後　援	大阪市　社団法人大阪府建築士会　財団法人大阪デザインセンター　社団法人大阪国際見本市委員会　財団法人大阪市都市型産業振興センター　クリエイティブネットワークセンター大阪 メビック扇町
特別協賛	旭硝子株式会社　AGC studio
協　賛	大和リース株式会社
	株式会社 資生堂　大建プラスチックス株式会社　三井化学産資株式会社
	株式会社三栄水栓製作所　株式会社ウエスト　朝日ウッドテック株式会社　株式会社ソーア
	大光電機株式会社　株式会社綱島製作所　日本管財株式会社　株式会社平田タイル
助　成	芸術文化振興基金
特別協力	大阪デザイン振興プラザ
展示協力	株式会社インターオフィス
会場協力	アジア太平洋トレードセンター株式会社

開催にあたって

　このたび、アートアンドアーキテクトフェスタ（AAF）では2010年に引き続き「U-30 Under 30 Architects exhibition 2011」を開催する機会に恵まれました。昨年の同展開催時には、単年度の展覧会として実施計画をしていたのですが、会期終了後に各方面から多くのご好評をいただいたことから勇気づけられ、たくさんの方々にご賛同をいただくことができましたことから、本年、第2回目の開催を迎えることができました。このことは、私たちにとってはとても喜ばしいことでしたが、同時に「U-30」という同じ切り口の展覧会を連続して開催することで、ある角度から視ると新鮮味に欠けてしまうリスクがあることも少なからず感じていました。

　昨年と同じ方法で進めていったのでは進展がなく、開催の意義を見出すことができないのではないかと思い、新たな試みのひとつとして、昨年から引き続き出展をお願いした3組（大西麻貴、増田信吾＋大坪克亘、米澤隆）に加えて、残りの4組を公募で募ることからはじめました。私たちが知っているごく限られた若い建築家の中だけで完結してしまうのではなく、まだまだ知られていない、より多くの若手にチャンスを広げることもひとつの目的としながら、公募をはじめました。しかし、出展条件である30歳以下で建築家として独立した設計活動をはじめるには、昨今の建築士の法改正も逆風となって、相当の条件が課せられてきます。果たしてどれほどの応募者が集まるのだろうか、という不安を抱えながらの募集となりましたが、結果としては予想を

はるかに超えた多くの応募をいただくことができ、U-30という本当に若い世代からも興味をもってみていただく展覧会になってきたのだという自信と、展覧会に対する期待が高まっていきました。

最終的に出展していただくことになった公募による4組（海法圭、加藤比呂史、金野千恵、瀬戸口洋哉ドミニク）と、昨年に続いて2回目の出展となる3組（大西麻貴、増田信吾＋大坪克亘、米澤隆）、合計7組がはじめて顔を合わせたのは、開催の時期が近づきつつある5月半ばのことでした。それぞれに違う状況や立場にあって、異なるスタンスで設計活動に取り組む彼らが、短く限られた時間の中でひとつの展覧会をつくりあげることができたのは、同じ時代に生まれ、同じ時代背景の中で学んできた同世代だからこそ共感できる、社会に対する意識があったからではないかと感じています。また今回、公募制を導入したことで、出展者の自発性や積極性が高まり、展覧会に対する意識が大きく変わったことも、良い影響となって表れたのかもしれません。

建築の展覧会は、一般的な美術の展覧会とは、すこしその性質や目的が異なるものだと感じています。建築の展覧会は、人々にとって、より"身近なもの"になる可能性を持っているのではないでしょうか。もちろん一概に決めつけることはできないのですが、多くの場合において、非日常的な存在性を放ち、常識に対する新たな視座を示していくアートに対して、建築は、人が生きていくための場所として、日常の中に当たり前に存在しているものです。だからこそ、その空間性に豊かさを求めたいと願うのです。有形、無形を問わず、人を感動させる力をもったものに備わる豊かさの中には、人間の創造力を働かせ、計り知れない努力を重ねた上に成り立つ芸術性が存在しているものです。私たちは、これからの社会環境をつくっていくときに、このような芸術性の高い空間を実現させていくことで、人のためだけでない、自然も含めた環境との共存のあり方を探っていきたいと感じています。

本展は、まさにこれからの時代を担っていく、最も若い世代の建築家たちによる展覧会です。建築家としての経験も浅く、まだまだ荒削りなところや成熟していないところもあるかもしれません。それでもあえて厳しい道を選び、ひたむきに未来へのプロセスを模索する7組の建築家が集まり、東日本大震災からの復興のあり方を考えていく今このときに、共に未来をつくっていくための出発点となる場をつくることで、大きな意義を見出せるのではないかと信じています。この展覧会を通して、これからの建築の可能性をすこしでも感じていただければ幸いです。

最後になりましたが、展覧会の実現にあたり、ご協力いただきました関係各位のご厚意に、心より御礼を申し上げます。

AAF アートアンドアーキテクトフェスタ

展覧会によせて

古川きくみ

AAF アートアンドアーキテクトフェスタ
代表理事

　1980 年代に生まれた最も若い世代の建築家たち。この U-30 世代の建築家たちは、グローバリゼーションが進む一方で、経済が停滞し、スクラップ・アンド・ビルドが冷却化した今の日本において、現代の社会と建築の接点を見出そうとしています。しかし、設計をはじめてまだ数年足らずの彼らがめざす先は、まだはっきりと定まっているわけでもなく、まさに今模索している最中にあるといえるでしょう。

　そのような中で、2011 年 3 月 11 日に起こった東日本大震災は、特に被害の大きかった東北・関東地方にとどまらず、日本全体にかつてない大きな変化をもたらしました。当然、建築にたずさわる者にとっても、少なからず影響を受けることとなります。そして半年が経った今、この展覧会を開催することで、これからの時代を担っていく最も若い世代の建築家たちが全国だけでなく、海外からも集まって、それぞれに建築の未来についての考えを示し、語り合い、共有する場にしていきたいと願ってやみません。

　彼らが建築を学んできた 21 世紀は、社会がすでに成熟しきっていたと言っても過言ではありません。生活に必要なモノは溢れるほどにあり、開発が進んだ都市は、ほとんど手のつけようがないほどに完成されていたのではないでしょうか。このよう

な時代の中で、建築家を志した彼らがめざしてきたのは、戦後のモダニズムに代表されるシンボリックな建築や、社会的なバランスを重視し都市の表層をかたちづくるスーパーフラットの建築でもありません。彼らがめざそうとする新しい建築のあり方は、これから先の確かな歩みを重ねることで、明らかになっていくでしょう。20代後半の今の時期は、試行錯誤の中で生まれてくる発見やアイデア、思考のプロセスの中で、膨大な選択肢と対峙し、迷いながらも道をひらこうとする、誰しもにとって必要な過程の最中にあります。それは、自らの内面と向き合うことで生まれてくる、建築に対する純粋な衝動であり、オリジナリティを見出す手法ともいえるのではないでしょうか。本展では、それぞれに独自の思考によって建築のつくりかたを模索しながら、先へ進もうと勇みたつ7組の建築家の「未来へのプロセス」をあらわすことで、その多様なあり方と、将来につながる可能性を示したいのです。

かつて、経済の時代と言われた20世紀。彼らが生まれる以前の高度成長時代には、建築の分野においてもシステム化された構法の開発と流通が発達し、社会におけるスタンダードを誰もがめざしていました。しかし、彼らが特有の言語を用いて表そうとしているのは、従来のようなグローバルスタンダードではない建築の発見です。その建築の発見ごとに新しい視座を獲得し、自らがえがくひとつの大きな世界観から独自のストーリーを生んでいく中で、それぞれにスタンダードとは異なる言語を用いて建築をつくろうとするプロセスは、この世代特有のものだといえるでしょう。彼らは、建築という社会的なものを一度自分の中に引き込み、内面での思考を経て、再び世の中にアウトプットしているのです。

この先、忘れることのない東日本大震災が起こったそのときから、建築をとりまく価値観が刻一刻と変化していく今このときに、若手建築家たちが示す「未来へのプロセス」を通して、これからの建築の可能性を感じていただければ幸いです。

AAF アートアンドアーキテクトフェスタ
古川 きくみ

U-30
Under 30 Architects exhibition

開催にあたって

このたび、アートアンドアーキテクトフェスタ（AAF）では、2010年に引き続き「U-30 Under 30 Architects exhibition 2011」を開催する機会に恵まれました。昨年の開催開催時には、単年度の展覧会として実施計画をしていたのですが、会期終了後に各方面から多くのご好評をいただいたことから勇気づけられ、たくさんの方々にご賛同をいただくことができましたことから、本年、第二回目の開催を迎えることができました。このことは、私たちにとってはとても喜ばしいことでしたが、同時に「U-30」という同じ切り口の展覧会を連続して開催することで、ある角度から見ると新鮮味に欠けてしまうリスクがあることも少なからず感じていました。

昨年と同じ方法で進めていったのでは進展がなく、開催の意義を見出すことができないのではないかと思い、新たな試みのひとつとして、昨年から引き続き出展をお願いした3組（大西麻貴、増田信吾＋大坪克亘、米澤隆）に加えて、残りの4組を公募で募ることからはじめました。私たちが知っているごく限られた若い建築家の中だけで完結してしまうのではなく、まだまだ知られていない、より多くの若手にチャンスを広げることもひとつの目的としながら、公募をはじめました。しかし、出展条件である30歳以下で建築家として独立した設計活動をはじめるには、昨今の建築士の法改正も逆風となって、相当の条件が課せられてきます。果たしてどれほどの応募者が集まるのだろうか、という不安を抱えながらの募集となりましたが、結果としては予想をはるかに超えた多くの応募をいただくことができ、U-30という本当に若い世代からも興味をもってみていただく展覧会になってきたのだという自信と、展覧会に対する期待が高まっていきました。

最終的に出展していただくことになった公募による4組（海法圭、加藤比呂史、金野千恵、瀬戸口洋哉ドミニク）と、昨年に続いて二回目の出展となる3組（大西麻貴、増田信吾＋大坪克亘、米澤隆）、合計7組がはじめて顔を合わせたのは、開催の時期が近づきつつある5月半ばのことでした。それぞれに違う状況や立場にあって、異なるスタンスで設計活動に取り組む彼らが、短く限られた時間の中でひとつの展覧会をつくりあげることができたのは、同じ時代に生まれ、同じ時代背景の中でとも

だからこそ

また今回、公募門を専
する意識が大きく変わ

建築の展覧会は、
だと感じています。建
性を持っているのでは
ですが、多くの場合に
ぶしていくアートに対
当たり前に存在してい
うのです。有形、無形
には、人間の創造力を
しているものです。私
な芸術性の高い空間を
境との共存のあり方を

本展は、まさにこれ
覧会です。建築家とし
ころもあるかもしれま
ロセスを模索する7組・
いく今このときに、共
大きな意義を見出せる
の建築の可能性をすこ

最後になりましたが
意に、心より御礼を申

U-30

Under 30 Architects exhibition 2011
30歳以下の若手建築家7組による建築の展覧会

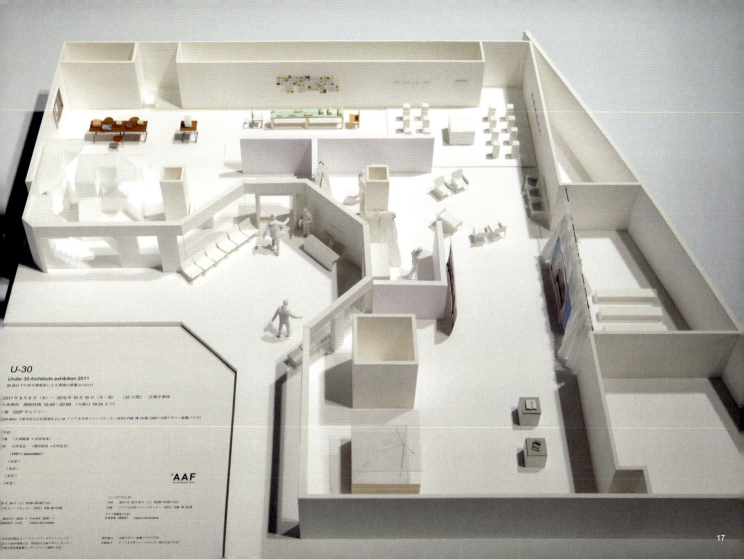

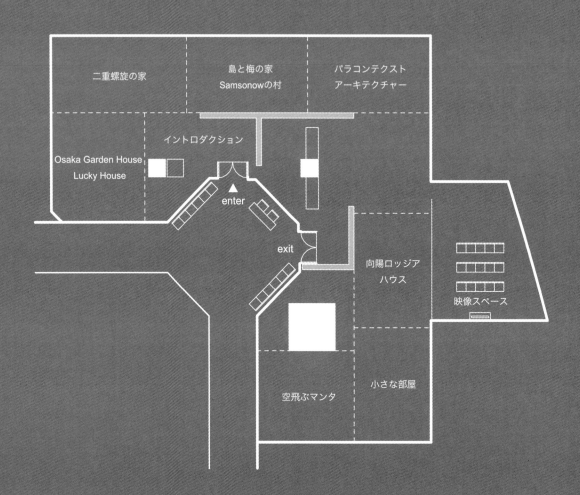

Osaka Garden House / Lucky House　　加藤比呂史　ヴィクトリア・ディーマー
コロニーガーデンハウスという北欧特有の週末住宅の研究をしている。この展示では、進行中のプロジェクト「Lucky House」を紹介する。そのコンセプトを日本という状況、また展示という状況においてイメージしたものが「Osaka Garden House」である。

二重螺旋の家　double helix house　　大西麻貴
東京谷中に建つ小さな住宅である。敷地が旗竿形状であったため、路地からのアプローチが螺旋状に巻きつく住宅を考えた。中心のコアは日常の居室となる白く抽象的な空間、ゆるやかに巻きつく螺旋状の空間は、絵画を飾るギャラリーや図書室となって、小さいけれども豊かな場所を生み出している。

島と梅の家・Samsonowの村　　瀬戸口洋哉ドミニク
瀬戸内海に浮かぶ島にある梅畑に囲まれた敷地に住宅の計画を行う。その住宅は丘となり、環をつくり、花に包まれる。ポーランドのサムソノフという村にある敷地の、既存建築群の改造と3家族のための3つの住宅の計画を行う。村の中に村をつくり、あたらしい村の景色をつくる。

パラコンテクスト　アーキテクチャー　　米澤隆
多種多様な物語が同時多発的に存在し並列に進行する。個々はピュアなキャラクターを持つと同時にそれぞれのコンテクストが重なり合い周囲の交じり気を引き受け相互に次の物語へと展開していく。重層化する私性は進化系を描き次から次へと展開を続け、いずれ群像としての総体的なあらわれを持つ。

向陽ロッジアハウス　Sunny Loggia House　　金野千恵
東京郊外に建つ戸建住宅。約45坪の敷地を二分し、南の庭と北の室内をロッジアと呼ぶ屋根付き外部空間で繋いだ。ロッジアの庭側には高さ3.5m幅7mほどのガラスのない大窓を穿ち、室内側には窓とともに各室を並べる。ロッジアは敷地の中央にあって敷地境界を超えた広がりへと人間を結びつける空間となる。

小さな部屋　a small room　　増田信吾　大坪克亘
4つのとても小さな構造体がつらなることでそれぞれの外側が関係し、中空の3枚の虚壁が立ち現れます。そして閉めることが別を開くことになる建具を施します。それがここに関わる様々な要素、植物、部屋、家族、風、庭などそれぞれの思惑とこの場所でのそれぞれの静な生活をつらねていきます。

空飛ぶマンタ　Fly Manta to the Universe　　海法圭
ある高度に巨大な膜状の構築物を浮遊させ、地球上の人々の生活をより良くすることを目指す提案。例えば東京上空、高度1kmに日射遮蔽の用で10km四方の膜を浮遊させると、真夏でも初夏の快適性を実現できる。このとき、膜は空調よりおおらかな環境設備であり、積乱雲より精緻な自然現象となる。

Osaka Garden House / Lucky House

加藤比呂史
Hiroshi Kato

ヴィクトリア・ディーマー
Victoria Diemer

会場には、発泡スチロールでできた大きくてスカスカなかたまりがある。この展示をきっかけに空想したプロジェクト「Osaka Garden House」の模型だ。また、これは現在進めているプロジェクト「Lucky House」のための展示台にもなっている。「つながり」と「行き止まり」が混在するこの空間で、体感的に展示を楽しんで頂ければ幸いである。

コロニーガーデンハウス

デンマークの人々にとって暖かい時期、太陽を楽しむことはとても重要なことである。日光浴はもちろん、植物に囲まれ、野菜や果実を育て、それを太陽の下で食す。

コロニーとは集落を意味し、コロニーガーデンハウスは小さな家と小さな庭からなる集落である。"ちょうど必要な分だけ"という豊かな最小限の美学と、自分で育てた草花や野菜と共に暮らすという根源的な喜びからなる家々である。

「Lucky House」

コペンハーゲンで計画中の３人家族の為のコロニーガーデンハウスである。敷地に既存する、少し大きめの２つの家を４つの小屋に分解し、小さな小屋と小さな庭からなる、集落のような家を考えた。それ自体がコロニー（集落）からなるコロニーガーデンハウスである。新しい小屋の仕上げには、既存の建物の材料も使い、いままで敷地にあったものの記憶を新しい建物に混ぜ込むことができたらおもしろいのではないだろうかと考えた。

「Osaka Garden House」

一方これは、コロニーガーデンハウスのコンセプトを再解釈して立体的に展開した集落である。三次元に広がる庭とそれに巻きつくように伸びる家。立体的な集落は、空間的な光フィルターのように機能し、光と影をつくり出す。庭と家の体積がほぼ同じくらいで、最小限の家ともいえるが、それぞれの部屋に庭がついているというリッチな家でもある。個々の単位は立方体や三角柱というベーシックな幾何学だが、それらを組み合わせることで、有機的な庭の骨格をつくりだすことができるのがおもしろいと考えている。

「未来へのプロセス」

18 世紀、工場労働者が健康に生活を送るために、デンマーク政府が街の中のグリーンスペースを供給したことが、コロニーガーデンハウスの起源である。この展示で、このようなグリーンスペースが日本の都市でどのようなものかイメージしてみた。都市の中にある庭付きの小屋が集まりである。各々が庭での生活を楽しみ、その庭の集まりが都市のランドスケープになっていく。

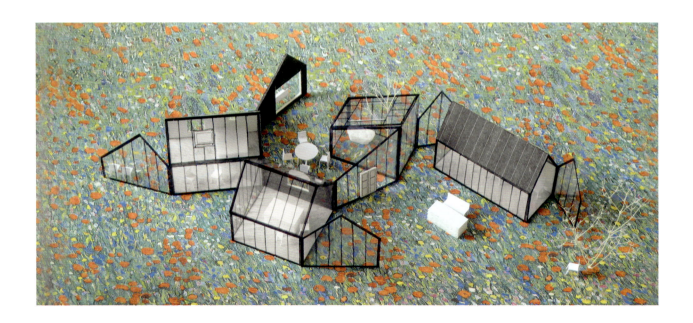

24

In collaboration with

Supported by

私が注目する U-30
Vol.1

加藤比呂史
Hiroshi Kato

ヴィクトリア・ディーマー
Victoria Diemer

加藤比呂史は 1981 年東京生まれ。
04-10 年藤本壮介建築設計事務所、
10年日建設計。

ヴィクトリア・ディーマーは 1983
年コペンハーゲン生まれ。09 年 -10
年藤本壮介建築設計事務所を経て、
10年KATO & Victoriaを共同設立。

寄稿　藤本壮介

1971年北海道生まれ。東京大学工学部卒業後、00 年 藤本壮介建築設計事務所設立。08年JIA 日本建築大賞、09年wallpaper* 誌の Design Awards 2009 など他、多数を受賞する。

　加藤比呂史に最初に会ったのは、まだ僕の事務所のスタッフが二人しかいないころ、たぶん 2002 年ごろだった。中野坂上にあった小さな事務所を訪ねてくるというので待っていると、ドアをノックする音がある。開けると、そこには小学生のような平べったい顔の、そのくせスーツを着た、つまり七五三のこどもを拡大コピーしたような、奇妙な人間が立っていた。当然すぐにドアを閉めた。そうしてもう一度、恐る恐るドアを開けてみると、やはり七五三はそこに立っていた。それが加藤君だった。

　彼なくしては、モクバンは出来上がらなかっただろう。数ヶ月にわたって、熊本の山奥で生き延びながら、地元の人々と協力し合ってあの小さな、しかしとても重要なプロジェクトを完成させた。彼にはそういう人間としての総合力のようなものがあるのだ。

　ヴィクトリアは、僕の事務所でスーパーオープンデスクとして働いてくれていた。もちろんその最中に、この 2 人は付き合い始めたのだが。彼らは周りが気がついていないと思っていたが、もちろん事務所の全員が知っていた。

　ヴィクトリアは、一言で言えば、とても元気な、というか、うるさい、キャラだ。でも本当はとても知的で、デリケートで才能あふれる人だと思う。そしてそのにぎやかなキャラは、多くの人を元気にするし、楽しくする。藤本事務所もその恩恵を多いに受けていた。この 2 人が組み合わさるとどうなるのか、僕にもよくわからないが、なんだかうまくいっているようだ。一見 2 人とも勢いだけのように見えるけれども、ヴィクトリアは実はいろいろとちゃんと考えていて、2 人は良い補完関係にあるのだろう。

スタッフとしては彼らはとても優秀だったが、では独立して自分たちの建築を作り始めたときに、彼らがどういう道を進み、どんなすばらしい建築を作っていくのかは、誰にも、おそらくまだ彼らにもわからないだろう。ただ、彼らには焦らないでほしいと思う。最近はかなり若い時期から「次の世代」としてメディアに取り上げられることも多いと思うが、20代のうちはもちろん、30代になってからも、これが自分の建築だと自信を持っていえるようなオリジナルな出発点など、なかなか見えてこないものではないだろうか。しかし他の同世代は、どんどん雑誌に出たりしている。これはまずい、何とかしなければ、といって、そのときのはやりのものに手を出して、確信がないくせになにかうまくやっていってしまうようなことをしていては、結局数年後には、自分の手元には何も残っていない、ということになりかねない。そのときには、別の「次の世代」がもてはやされていて、自分たちの世代は見向きもされない、などということになってしまう。建築とはとても深く、そして長い営みだ。だから目先の状況にとらわれて右往左往するのではなく、自分に

とって本当に価値のあるもの、そして同時に世界の普遍に触れるものを求めて、牛のようにゆっくりと歩んでいきたいと思うのだ。

彼らが図らずも獲得しているユニークな点は、その国際性だろう。しかも加藤君は留学をしていた訳でもなく、なかば行きがかり上、コペンハーゲンの建築世界に飛び込んでいった。ヴィクトリアもオープンデスクとして日本に来てみたら行きがかり上日本人のボーイフレンドができて謎の中間性を獲得してしまった。その力まないインターナショナル性に期待したい。最近では海外に留学する学生が激減していると聞くし、日本の建築がそこそこ評価されていることから、日本の中の小さな価値観のなかで小さなゲームを繰り返すことにあまり危機感を感じないかもしれない。しかしやはり世界は広い。いろいろな人がいろいろなことを考えている。特別なこととしてではなく、行きがかり上、日常の延長としてそのような多様性と不自由性に直面している彼らであれば、日本の建築世界に今までなかったなにかを見つけ出せるのではないか、と期待したいのである。

Lucky House（既存の小屋）2010 年 -

Lucky House（庭より）2010 年 -

二重螺旋の家
double helix house

大西麻貴
Maki Onishi

二重螺旋の家

　引渡しの前夜。慌しく残りの作業が進む中、一瞬の間現場に誰もいなくなった。しんと静まり返った部屋の中には、工事用の照明がぽつんと灯り、開け放たれた窓からゆっくりと風が流れ込んでくる。外は真っ暗な闇。中庭を横切る一匹の野良猫。パチとスイッチを押し上げ、消えていた廊下の灯りをつけると、闇の中に沈んでいた空間がぼんやりと浮かび上がってくる。まずは粗いコンクリートと、目透かし張りの壁のテクスチュア。そして床や天井の色。次に空間の奥行き。家具の置かれていない、まっさらな空間。ここに存在する全てのものを、私は知っている。なんて不思議なことだろう！自分が設計した空間の中に自らの体を置くということは、私がこれまで出会ったどの空間体験とも異なるものだった。

　「二重螺旋の家」は私たちにとって初めて竣工した住宅である。まだ一つも作品の無かった私たちに、SDレビューで作品を見たという施主が、突然依頼のメールを下さった。場所は東京の谷中である。谷中という場所は、寺社が多く、古い木造家屋が多く残っており、狭い路地やギャラリー等、魅力的な風景が点在している。敷地が旗竿形状であったため、まずは中心のコアに、路地から始まったアプローチが螺旋状に巻きつく、という構成を考えた。コアは日常の居室となる白く抽象的な空間、巻きつくチューブ状の廊下は、谷中の路地のように物が付加される事によって魅力の増す、賑やかな一つながりの空間となっている。構成のはっきりした建築でありながら、一旦内部に入ると、歩みを進める度に明るさや暗さ、狭さや広さ、勾配の緩急による歩みのスピードの差異、窓から街への視線の抜けが連続的に連なり、迷宮のように複雑な体験が内包されていることがわかる。小さな敷地の中に複雑に距離が折りたたまれることによって、通常の広さ、狭さという感覚では説明の出来ない、新しい広がりを持った住宅となったのではないかと考えている。

　家の完成までには様々な困難があった。その度に施主、工務店をはじめ、皆で話し合い、一つずつ解決を重ねてきた。しかし出来上がった空間は、そうした人間ドラマとは無関係に、静かに闇の中に佇んでいる。設計者の手から、施主の手へ、今まさに受け渡されようとしているこの瞬間、私にはこの家でこれから繰り広げられる生き生きとした生活が、色鮮やかな幻として重なるのが見えたような気がした。

P30-33　「二重螺旋の家」内観・外観　撮影：中村絵

インタビュー
Vol.1

大西麻貴
Maki Onishi

1983年愛知県生まれ。06年京都大学工学部建築学科卒業。08年東京大学大学院工学系研究科建築学専攻修士課程修了。
11年より横浜国立大学大学院建築都市スクールY-GSA設計助手。
大西麻貴＋百田有希共同主宰。

AAF	先日「二重螺旋の家」が竣工しましたね。おめでとうございます。
大西	ありがとうございます。
AAF	処女作ですよね。
大西	そうですね。今までは機能がなく、また短期間のみ存在している空間が多かったので、ひとつ建築と呼べるものが出来たことはとても嬉しいです。
AAF	ひとつつくり終えていかがですか。
大西	とても感動しました。と同時にとても不安な気持ちです。設計を始めてから二年間あまり、毎日この家のことを考えていたので、引渡しが終わって、家が私の手を離れて住みこなされていくことに不思議な感じがします。
AAF	去年のU-30展では、「二重螺旋の家」のコンセプトやプロセスを展示されていましたが、実際につくられる中で、変化はありましたか。
大西	この住宅は中心に白いコアがあり、その周りに廊下が巻きつくというとても単純で強い構成で出来ています。しかし実際に訪れてみると、その構成よりも空間体験のシークエンスがより強調されるような住宅になったと思います。お施主さま自身も、構成や、私たちの意図とはあまり関係なく自由に住まれているので、訪れるたびに嬉しい驚きがあります。例えば、真ん中の抽象的な空間と私が呼んでいたところが、実際にはモノ

U-30展(2010) 展示風景　2010年

二重螺旋の家　2011年

二重螺旋の家　2011年

　　　　　で溢れ返ってたり、反対に、賑やかになると想定していた廊下の部分は、あまりモノが置かれてなくて、静かだったりとか、それはそれですごくおもしろいなと思っています。

AAF　　確かに、スタディしているときに頭の中で描いている住み方と、実際の住み方とでは、違いがありそうですね。

大西　　そうですね。狭小敷地なのですが、廊下が長く、ひとつながりになった中に様々な空間があるので、お施主さまが「この家は広すぎるくらいで、一ヶ月住んでもまだ全部を楽しみ尽くせていない」とおっしゃっています（笑）。この家を設計してみて、体感する広さと距離の関係性はとても興味深いな、と思っています。

AAF　　去年のU-30展はいかがでしたか。

大西　　メンバーがとても良かったです。事前のミーティングで顔合わせをした後も、何度か東京で集まって話し合ったことで、同年代で展覧会をつくるんだって、みんなでその展覧会をレベルアップしていかないと、という意識を共有できた気がします。そうしないと、お客さんが見に来てくれないんじゃないかと心配でした（笑）。また、それぞれにキャラクターが違っていて、それもすごくおもしろかったです。はっきりものを言ってくれる人もいたし、感覚的な人もいたし、皆さん多種多様でした。キュレーターの古川さんが同年代というのも良いと思います。

AAF	展覧会を通して、出展者の皆さんが仲良くなっていくのを見て、すごくいいことだなと思っていました。
大西	そうですね。去年は、展覧会を通して初めて会う人がほとんどでしたが、一緒に出展したことで、とても仲良くなれました。
AAF	シンポジウムはいかがでしたか。
大西	伊東豊雄さんのシンポジウムは、すごかったですよね。若者に対するメッセージという内容をお話しくださって、あれは感激のシンポジウムでした。
AAF	私もすごく感動しました。まさかあんなふうにお話ししてくださると思っていませんでした。普通では聞けないようなお話までしてくださって、本当に感謝しています。A-40のシンポジウムは、いかがでしたか。
大西	大学に入ったときに、歳が十歳離れるということは、ひとつ世代が違っていて、十歳上だったら尊敬できる、十歳下だったらかわいいと思える、そういう年齢差なんだよって先生に言われたことがあったんです。確かにそうかもしれないなと思っていて。一世代離れると、私たちがどれだけ背伸びしても追いつけない経験とか考えを持っていて。もちろんそれぞれの建築家が考えていることは違うんだけれど、それぞれ尊敬できるなって。だから世代の離れ方としていい距離だなと思います。
AAF	今年のU-30展に向けて、どのようなプランを考えられていますか。
大西	実は、まだ全然決めていないのです。やはり東日本大震災について、どう応えたらいいのかがわからなくて、悩んでいます。あれだけたくさんの建築が津波で流されているのを見ると、本当にショックで、建築を志すものとして何かしなくちゃ、と思うのですが、実際には「建築家として」出来ることなんてほとんどないかもしれない。この時期に展覧会をするということは大震災と切っても切り離せないはずだと思うのですが、それをどのような形で提示すべきなのか迷っています。まずは自分の出来る小さなことから始めながら、考えたいと思っています。
AAF	U-30展について、どのように感じられていますか。
大西	U-30展は、展示している作品も重要ですが、話し合える場であるということがすごく大きな意味があると思っています。同世代や、上の世代の建築家の方と話し合って、そこで頭を回転させて、考えて、未来について考える場とすることが大切だと思います。 去年から引き続き、今年も参加させていただくことになって、今からとても楽しみです。おそらくこの展覧会は、人がすごく重要で、人と人が出会って繋がっていくことで、その効果を生み出していけるのではないかな、と思います。

AAF	そうですね。ものだけで伝えようとするのではなくて、そこから、同時代を生きている人たちに影響力をもつような展覧会になるといいなと思っています。
大西	そうですね。
AAF	今日はありがとうございました。

大西麻貴＋百田有希 アトリエにて

島と梅の家
House of island & ume

Samsonowの村
Hamlet of Samsonow

瀬戸口洋哉ドミニク
Dominik Yoshiya Setoguchi

島と梅の家

　瀬戸内海に浮かぶ島にその敷地はある。

　住宅とビニルハウスが点々と建ち、約780㎡のこの敷地を含め周囲一帯が梅畑である。ここに夫婦と子供の為の30坪ほどの木造平屋建住宅の計画を行う。

　初めてその場を訪れた時、自然に対するやわらかな占拠の方法だろうか、梅の木々の間に建つテントをイメージした。

　北側の雁行部に全面南向きの部屋を配置して最大限南に庭をとる、というのが基本であろう。

　将来西側隣地に建物が建つ事に配慮し北西に抜けをとり、南東の既存の梅を中心に放射状に部屋を配置し、北西になだらかに広がる梅の丘と視線をつなげる。

　部屋に応じて天井高を変えた勾配屋根は、丘となり、敷地内に環をつくる。

　その住宅の丘は春にはピンクと白の花に包まれ、やわらかに佇む。

Samsonowの村

　ワルシャワから140kmほど離れた、サムソヌフという村にその敷地はある。前面道路に面して住居を構え、その奥に畑が数百m続くのがこの村の基本形態である。村の目玉である14世紀の鍛冶屋の遺跡を目の前に、この敷地は旗竿状で、前面道路から50mほどのアプローチを抜けると小さな広場があり、築150年ほどの木造2階建住居と石造りの旧家畜小屋、それに増築された築35年のレンガ造りの納屋、旧羊の放場をはさんで2階建の休憩小屋が建っており、その建築群を抜けると幅14m、長さ400mの畑が広がっている。ここに既存建築群の改造と3夫婦のための3つの住宅の計画を行う。

　既存建築群は温室やカフェ、観光客や周辺村民の為の共有スペース、ゲストハウスやホステルとなる。奥の150mの敷地は国立自然公園に指定される予定であり、250mの間に夏の家・春秋の家・冬の家を計画し、3夫婦は季節に合わせて移り住み、それぞれの家に時期に合った既存20種の果物と野菜畑を分担して栽培する。村の風景にあわせレンガ造りと切妻屋根を基本形態とし、光と景色の方向、季節環境によって形態を変化させる。

　村のなかに村をつくり、あたらしい村の景色をつくろうとしている。

私が注目する U-30
Vol.2

瀬戸口洋哉ドミニク
Dominik Yoshiya Setoguchi

1981年広島県生まれ。04年大阪芸術大学芸術学部建築学科卒業。04年より新田正樹建築空間アトリエ勤務を経て、10年 dygsa 設立。07年新建築住宅設計競技2等受賞。

寄稿　山内靖朗

1960年香川県生まれ。
大阪芸術大学専任講師、藤の家建築設計事務所主宰。

　ドミニク・瀬戸口君との出会いは、9年ほど前彼が大学2年生の時、設計実習の指導・担当したのが最初の出会いである。彼との最初の会話は、「瀬戸口君、建築を目指したきっかけは？」先生と生徒のありきたりな会話が始まりであった。その時の彼の答えは、「中学2年の時、将来何になりたいかを発表する機会があり、クラスメイトがシステムエンジニア。と言った。凄くかっこいい響きだと思い僕もシステムエンジニアになろうと思った。」との事でした。私は、「えっ？」と聞き直すほど印象深い答えであった。彼はシステムエンジニア＝建築家と思い込んでいたらしい。「それ以来、ずっとシステムエンジニアリングを目指してここまで来た。」と初めて出会った時に聞かされた。何とも面白い人物である。

　最初に指導した課題は、都市に棲む、夫婦＋子供＋αで暮らす住宅。課題チェックの際、彼は＋αを愛人にしてみたりワニにしてみたりと、システムエンジニアを目指しているとは思えないほどのαばかりが出て来る。普遍的な設定が嫌なのか、非現実性の中に何か新しいものを求めているのか。そして出来た作品は、外壁がぐにゃぐにゃとした水槽で出来た住宅である。彼のαは魚。水族館の魚と人の関係の「逆転」した住宅。何故か私は、その作品を見て「困ったら私の所へ来なさい。」と言ってしまった。結局、彼は4年生で私のゼミへ来る事になる。実は最初から私の所に来るであろうと思っていた。理由は簡単だ。大学の授業で学ぶ建築は論理性に基づいたモダニズム建築が殆どだから心地よい彼の居場所は難しいと思っていた。

北望の家　2011年

kururu　2011年

宇田敬商店・RPproject　2011年完成予定

　大学時代の彼の作品はいつも彼が目指したシステムエンジニアとはほど遠い世界を彷徨っていた。そんな中、卒業制作で悩んでいた彼に、「手を動かすように。」と助言すると、彼は膨大な数のスケッチやドローイングを描き始めた。誰よりも多くのスケッチやドローイングを描き、手を動かすことで思考を積み重ね無心に自己を見つけようと戦っているのがよく伝わって来た。

　卒業制作の作品は、「masscell village」。ガラス、石、土を用い、アメーバ状に細胞が寄り添う様な住宅群。グニャグニャの集落を制作した。そのドローイングは周りの学生とは明らかに違う手法で圧倒的なボリュームの点描で描かれており、一際きわ立っていた。周りの学生がCG や CAD でキレイにプレゼンしているのと対照的に彼の作品は、サインペン一本で描き上げた絵画の様なドローイングであった。

　無心に描き続けたその作品には、論理性はもちろんの事、計画力も見違えるほどついているので指導した私もビックリした。お陰で彼の作品は、講評会のゲストだった西沢立衛氏から「西沢立衛賞」まで頂く事となった。手を動かしながら考えることを身に付けたのである。

　その後、新田正樹氏に師事し大学時代のアカデミズム教育に反旗を翻し伸び伸びとモダニズムと戦い続けている。約6年間弟子としてお世話になり、晴れて 2010 年に独立。
「建築は、論理性だけではダメだ。論理を突き抜けたところに目指す建築がある。」「説明のつかない何かから新たな可能性を見つけ出す。」学生時代から一貫して彼の手法は変わっていない。
まだまだ彼の頭の中はグニャグニャである。彼がこれからどんな建築を創るのか、更なる思考のグニャグニャを私も楽しみにしている。

パラコンテクスト
アーキテクチャー
paracontext architecture

米澤隆
Takashi Yonezawa

作品について

　これからの建築のありかたについて考えてみようと思う。これまで建築はピュアなもの、形式の強いものを求めてきた。ピュアさはどうしても排他性をともない閉じた系をつくりたがる。建築は社会の実態が持つ雑然たる要素を引き受け、ピュアな形式から次の段階に進化系を描くべきである。ピュアな方向に向かう建築をプレアーキテクチャーだとするならばいろんな交じり気を引き受け、成長系を持つ建築をポストアーキテクチャーだといえよう。

　並列したストーリーの同時多発的存在ということを考えてみる。ピュアな物語が全体を構成してしまうのではなく多種多様な物語が同時に存在し、個々はピュアなキャラクターを持つのだが周囲の物語を引き受け次の物語へと昇華していく。物語は周囲のコンテクストにより次から次へと展開されていき、その物語もまたまわりにコンテクストを作り出し、周囲の物語を展開していく。同時多発的にいくつもの物語が展開されていき、それはいずれ群像としての総体的なあらわれを持つ。この群像としての総体は部分と全体の独立した関係を持ち、部分は全体を構成する要素であると同時にそれ独自の物語を持つ。ピュアな祖型が群像を変えうる主体性を持ち、他者の交じり気を取り込むことにより総体を違った世界へと展開し拡張していく。コンテクストが重なり合い重層化する私性の先にポストアーキテクチャーの姿を見る。

　本作品はひとつの実験的試みである。（私を支えてきてくれた人々の持つ）16の原風景から始まる。その原風景を基にして祖型としての建築モデルをつくりあげる。それはなんの交じり気も含まない16のピュアな建築祖型である。16の祖型をそれぞれが持つキャラクターをタグ化し、マッピングしていく。1つの祖形はそれ以外の15の祖型がつくりだすコンテクストによりそのありようを変えていく。それと同時にその祖型自体もそれが持つコンテクストにより他の15の祖型のありようを変える。16の祖型はそれぞれが持つキャラクターを保ちつつも交じり気を引き受け、展開していき、群像としての総体的なあらわれをつくりだしていく。

　私という存在はただ一人の存在であると同時にその先に存在する多種多様な人々の持つ性質を引き受けてつくりだされる総体でもある。ここに表出した空間は私がつくりだす空間の総体としてのあらわれである。

いろいろなストーリーが
同時多発的に進行している。

重なり合い展開し、群像としての
総体的なあらわれを持つ。

16の原風景

インタビュー
Vol.2

米澤隆
Takashi Yonezawa

1982年京都府生まれ。07年国立大学法人名古屋工業大学工学部卒業。現在、同大学大学院工学研究科博士課程、「HAP+associates」主宰。主な仕事に「公文式という建築」2011年（SD Review 2008 入選）など。

AAF　最近竣工した「公文式という建築」を写真で拝見しました。どのようなコンセプトで設計されたのですか。

米澤　「公文式という建築」と名づけたように、公文式という学習塾が持つメカニズムを建築化できないかなと考えていました。公文式は画一したビルディングタイプを持たず、民家や公民館、居酒屋などを間借りしたり、改装したりしています。それだけでは独立し得ない事情があり、何かにパラサイトしたりドッキングしたりして、他のプログラムを取り込んでひとつの建築になります。町に寄り添っていくというか、現代の寺子屋のような存在だなと思っていました。敷地は南側に2m 上って通学路、幹線道路があり流れのある通り、北側には古い町家が残る閑静な住宅街が広がる落ち着いた通り、2つの街道性を持っています。2m 上った通学路からあの辺の住宅を見ると、屋根がぴょこっと顔を出しているように見えるのです。通学路から直接、屋根の中に入っていき寺子屋的な学習空間が屋根裏のような空間の中に展開される。1階の方は開口部を大きくとり土間にして、町と連続するようにドッキングされる側のプログラムが展開されます。屋根裏空間と土間空間からできた建築です。それぞれ空間の中央に大きなガラスのテーブルと木のテーブルがあり屋根裏空間と土間空間が独立せず相互補完関係をつくりだしています。公文式の学習指導上の特徴として先生と生

ディスプレイ壁の中に住み込む家　2008年

小道が通り抜ける町家　2010年

公文式という建築　2011年

徒間の見る見られるの関係が逆転している、幼児から高校生まで一体空間で学習しているというものがあります。屋根空間の外周に回廊テーブルを設け、生徒はここで学習をし、先生は中央にあるガラスのテーブルにいて生徒を後ろから見守ります。敷地が狭小地ゆえに、どうしても生徒が押し寄せるピーク時には1階まで学習スペースが拡張されるのに対して、ガラスのテーブルと木のテーブルが一体空間を可能としています。

AAF　2階から子供が顔を出している写真を見て、とても楽しそうな空間だなと思いました。米澤さんは、設計活動をされる際に、たくさんの人を巻き込みながら作品をつくられていますが、その途中でご自身の設計趣旨がブレてしまうようなことはないのですか。

米澤　それはないですね。いかに統合していけるかが一番の勝負所と心得ています。最近は、いろんな人を巻き込んでいくやり方というのが、自分の設計手法のけっこうコアにもなっているのかなと思い始めているんです。自分の考えの中から生まれたピュアなものからスタートして、それを他者に投げかける、そこから返ってくるノイズや交じり気みたいなものをフィードバックして、建築化していけたらと思っています。最初に提示したピュアなさなぎのような祖形が、交じり気を含み成虫としてもっと進化していけたらというイメージです。もっとフィジカルなことを話しますと、抜け

道のようなものをつくりたい、そこにいろんなものが絡みとられていくようなもの。20世紀を通して、上の世代は、すごくピュアなものをつくられてきた気がしていて、僕も最初はそれを目指してはいたんです。血気盛んでこういうのがやりたいっていうのがあるんですが、幸か不幸か大学4年生のときに実際の住宅の設計をスタートすることになったので、ピュアなものとして実現させるのが難しかったんですね。悪く言えばノイズ、良く言えば交じり気が入ってくるなというのは感じていまして、何かこうそれを逆に上手く取り入れていけないのかなと思っていました。

AAF　これからはどのような建築をめざしていきたいですか。

米澤　並列したストーリーの同時多発的存在ということを考えています。全体と部分というのがそれぞれ独立して存在していて、解像度を上げて見たときに違った世界観があるような。強い図式によってつくられるピュアなものではなく、そこにある種の失敗みたいなものが許容され、いろいろなキャラクターの交じり気が入ってきて、全体の世界観を少しづつ変えていってしまうような、脱皮してもう一段階も二段階も上にいけるようなことをめざしています。

AAF　去年のU-30展はいかがでしたか。

米澤　自分がいままでやってきたことを振り返り、考えるいい機会になりました。「のれん」という作品は、自分じゃない対象に自分を一度投影して、自分自身を他者化することによって設計していった作品です。やりたいことはできたかなと満足はしていますが、自分を他者化してく過程で、理想論的にピュアな方向に行ったなと思っています。そのプロセスには、いろんなキャラクターがいて、いろんなストーリーがあって、綺麗なものだけではなく、いい意味での泥臭さがあったんです。プロセスとできた作品のギャップを感じました。

僕は作品をつくるときに、「米澤隆」というのは代名詞のようなものだと思っていて、その周りにいるいろんな人々が交じり気のように入り込み、全体としては米澤隆ですが、その先にいろんなキャラクターが見え隠れするようなものにしたいと思っています。

AAF　3月11日に東日本大震災が起きました。今どのようなことを考えられていますか。

米澤　震災後、ある建築系雑誌の依頼で現地取材に行き、避難所のあり方を見てきました。公民館、図書館など、もともと生活空間として想定されていないところに、いかに生活空間が立ち上がってくるか、そのたち現れかたを調査してきました。

避難所を成立させているのは、社会システムのようなマクロな視点からではなく、その場の性質、生活者のキャラクターだということを感じました。おそらく東北という場所性だと思いますが、避難所には独自のコ

ミュニティが成立していて、そこから次の時代を見る何かがあるのかもしれないと思いました。
例えば20世紀のインターナショナルスタイルというのは、身体レベルにおいて世界中の人を共通とみなし、建築もそのあるべき姿を同一視するモデルですが、その過程でキャラクターがそぎ落とされていることでもあると思います。もっと具象化していくことで、多様なキャラクターを取り戻すようなことができないかと考えているところです。

AAF　今年のU-30展に向けて、どのようなことを考えられてますか。

米澤　これからの建築のありかた、都市像を示せたらと思います。少々実験的な試みになるかもしれませんが、未来に向けて夢を描けたらと思っています。洗練された社会システムのもと主体性を失いつつある実感なき社会において、いかに創造力を取り戻すか。失敗や交じり気といったものを許容し、それらを取り込んでさらにもうひと段階上に成長できる建築モデルを考えています。いろいろなストーリーが同時に存在していてそれらが総体としての群像をつくりあげるようなもの。
僕にとってそれが「未来へのプロセス」であり、これからの建築のひとつの回答かなと思っています。やはりこれからの建築というものを考えたいですからね。例えば、コルビジェ以降、建築は進歩したのでしょうか。横のバリエーションは出たと思いますが、そこで留まっていないかと思うのです。
僕は、建築はもう少し構築的であってもいいと思っています。日本の文化観や社会観と連動して進めていくというか、単に求められているものをつくるだけではなくて、次のステップに行けないのかということを真剣に考えています。

AAF　どのような作品になるか楽しみにしています。

米澤　僕の中でのU-30展は、20代の卒業設計のような位置づけで、これからの意思表明として重く捉えています。だからドンと大きな命題を先に掲げました。どこまでできるか挑戦していきたいと思います。

向陽ロッジア
ハウス
Sunny Loggia House

金野千恵
Chie Konno

向陽ロッジアハウス

　イタリア、プロチダ島の港を降りると眼前には色鮮やかなスタッコで塗り分けられた住宅が壁を共有して建ち並び、壁面には海へ向かって大胆なアーチ窓やロッジアと呼ばれる半屋外空間が数多く反復されている。この島の住人は、濃紺の地中海を眺め、椅子に腰掛け話に耽り、植物や生き物を育て、編み物や読書をして、日がな一日自分たちの作り上げたお気に入りの窓辺やロッジアで過ごしている。これら外部に対して開かれた空間は、住人の生活空間であると同時に、それ自体が並外れた大きさであるがゆえ、まるで海から帰って来る漁師や大海原そのものを大きく迎え入れているようにも見える。こう考えると、プロチダ島における人々の生活は、窓やロッジアを介して、植物や動物など他の生態系、隣人や街路などの都市空間、さらにその先の地中海や太陽といった自然の大きな広がりと結びつき、ある種の総体を築き上げているように感じられる。

　日本においても、中世の書院造りにみられる広縁や一般的な住宅に用いられる縁側は、ロッジアに類する半屋外空間として発展を遂げてきたが、現代ではこの種の空間を持たない住宅が増加し、仮にあったとしても積極的に活用されているとは言い難い。「向陽ロッジアハウス」は、ロッジアという人間の生活を彩どりながら、より大きな秩序へと人間を結びつけるような空間の、現代における再評価と実践を試みるプロジェクトである。

　東京郊外に建つ戸建住宅。約45坪の敷地を二分し、南の庭と北の室内をロッジアで繋ぐ計画とした。ロッジアの室内側にはリビング、キッチン、畳の間、浴室、階段室、寝室を各々の窓と共に集め、庭側には高さ3.5m、幅7mほどのガラスのない大窓を穿った。ロッジアは、外部でありながら内部であり、窓辺でありながら庇下であり、一つの室でありながら窓の集まるさまは街並のようでもあり、中心に位置しながら空っぽである。このように幾重にも関係が折り重なる空間は、そこへ参加する主体を様々に招き入れることだろう。春風に乗った花の香りが窓から届けられ、新緑の青々とした光が天井を伝って室内に差し込み、昼下がりに影を求めて隣人が集い、淡い陽溜まりが人や動物の日向ぼっこを誘う。太陽、風、雨、植物、動物、隣人、あらゆる事物によって彩られる住人の生活がロッジアに表れ、建物の表情を豊かにする。さらにこうした建物の表情は街の風景をも息づかせることとなる。このロッジアは、敷地の中央にあって、敷地境界を越えた広がりへと人間を結びつける空間である。

イタリア　プロチダ島　港に面したファサード

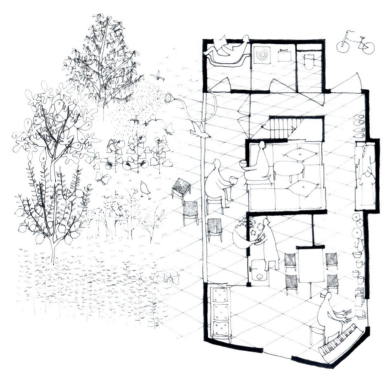

向陽ロッジアハウス（平面）　　　　　　　　向陽ロッジアハウス（ロッジアをみる）

61

私が注目するU-30
Vol.3

金野千恵
Chie Konno

1981年神奈川県生まれ。11年東京工業大学大学院建築学専攻博士課程修了、博士（工学）取得。
11年より神戸芸術工科大学大学院助手。11年コンノ設立。

寄稿　塚本由晴

1965年神奈川県生まれ。92年貝島桃代とアトリエ・ワン設立。
東京工業大学大学院准教授。

　住宅と言うのは当然ながらどんな暮らしを想定するかでその建築が違ってくるものなのだが、東京近郊に作られている住宅建築を見る限り、その暮らしの想定はずいぶん狭い範囲に納まってしまっているようだ。もちろん趣味とか、好みとかを反映した見た目の違いはあるけれど、家の中が外から見えないように閉じていて、家族以外の人はめったに訪れないことになっていて、窓を開けないで空調をきかせている、という三大想定が頑に守られている。そういう想定をもとに作られた建築が、そういう想定を持続的な環境として固定してしまうので、それが人間の生きる条件になってしまう。だからそこで暮らす人や、育つ子供は、それ以外のことを想像しにくくなってしまう。

　でもそんな想定に執着する理由は、よく考えてみればどこにもない。家の中が少しぐらい見えたり、家族以外の人が家に来たり、風がサーッと通り抜けるようにこまめに窓の開け閉めをすることぐらい何でもないことだ。ところが近代が作り上げた産業としての建築が想定したのは、そういう生きるしなやかなライフスキルをもった人々ではなくて、何のスキルも規範も内蔵していない抽象的な身体である。なぜならそっちの方が大量生産に向いているからである。この想定の元では、それぞれの地域に住む人々の暮らしの中で成立してきた、庇の深い軒先や、ベランダやロッジアといった個性豊かな半外部空間はことごとく無駄なものになってしまう。なぜなら、そういう抽象的な身体には、そういう半外部空間をうまく使いこなすことができないからだ。だったら内部空間の

境界と建物の境界をぴったり一致させてしまえ、そのほうが床面積を稼ぐのに効率が良いのだから、ということになってしまう。この効率神話の浸透ぶりは意外な程根深く、建築家に家の設計を頼む人ですら、半外部などいらないから内部空間を大きくして欲しいとなることが少なくない。内部と外部の境界が、そのまま暮らしの想定の境界に重なって、分離できなくなってしまっている。そんな神話のような三大想定の組み合わせが、個人の空間への切り分けを後押しし、一人一人をバラバラの消費者に仕立て上げて行く。その結果が大量の電力消費＝原子力発電のリスクに支えられた、独居老人が孤独死する今日の無縁社会だ。このままでは希望がない。住宅の想定を変え、人間の生きる条件を変えて行かなければならない。

　今年の春に神戸に赴任するまで、金野さんは研究室でのこうした議論の真ん中にいつもいて、世界各地の窓やロッジアの調査・研究や、『人形劇の家』の設計・自作といった活動を、全身全霊で引っ張ってくれた。そんな彼女がお母様の家を設計するのだから、こちらとしても期待しないわけがない。ずいぶん悩んだようだが、庭に向かって大きな口を開けた、ロッジアを持つこの計画に辿り着いた。ロッジアに腰掛けているお母さんの回りから、あるべきものが自然なかたちで隣あうように配置されているという意味では、本当に住む人に優しい家でありながら、街の方から見れば、誰が住んでいるかどうかに関わらず、そこにあってしかるべき納まり方をしている家でもある。住む人の方から広げて行く振る舞いと、街の方から繋げていく振る舞いが、この家で見事に均衡していることに注目すべきだ。そのことによって生まれる、おおらかさと細やかさを併せ持った空間の響きに耳を傾けるべきだ。私はそこに、建てることと生きることがもう一度重なるかもしれないという、強い希望のようなものを読み取っている。

向陽ロッジアハウス（南立面）　2011年

向陽ロッジアハウス（内観）　2011年

WindowScape 窓のふるまい学　2010年

小さな部屋
a small room

増田信吾
Shingo Masuda

大坪克亘
Katsuhisa Otsubo

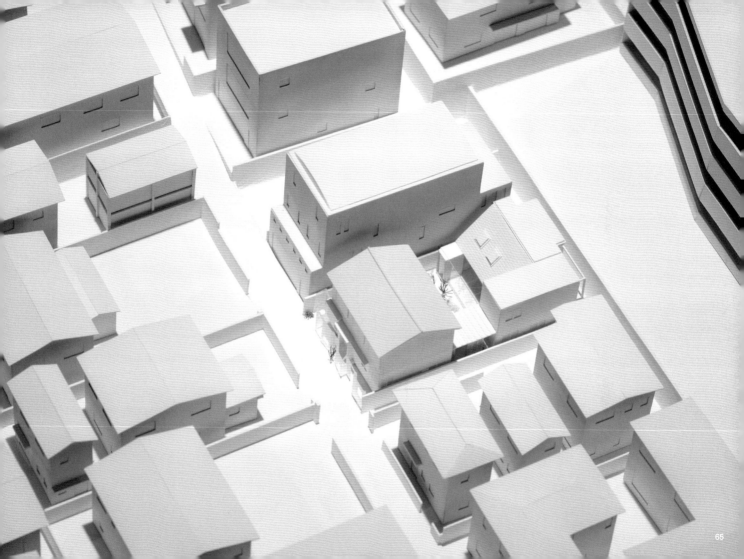

小さな部屋

　今回僕たちが展覧会の出展に際し、現在設計中のとても小さな部屋の改修の仕事を紹介します。このとても小さな部屋は、元々建っていた木造の住宅と敷地内に2世帯目として建てた住宅をつなぐ、平屋で廊下のような部屋です。その部屋は中庭に面しており、建物の配置関係によってくぼみができていて風や湿気がこもってしまい、床や壁面が劣化し腐ってきていました。施主の依頼はその小さな部屋を家族それぞれの活動が豊かになるようその部屋を利用したいということ、そして庭や現存住戸の風通しが現状よりも良くなるよう改修したいということでした。

　そこで僕たちは現存の屋根は老朽化していなかったため残すことにしました。その下に4つのとても小さな構造体を屋根の支えとなるよう、また常に風の居場所ができるよう設計し、そこに風の流れを止めない複数の建具を施すという提案をしました。それらがここに関わる様々な要素、植物、部屋、家族、風、庭などそれぞれの思惑とこの場所でのそれぞれの静な生活をつらねていくよう設計しました。

　2年前、僕たちはこの敷地の前面道路に面する老朽化したブロック塀の改修計画を行いました。そのとき僕たちは近隣を含めた広い範囲での新たな境界の存在を考えました。近隣にはもちろんその家族だけでなく、ご近所の人たち、道を通り抜ける人たち、植物、猫、風、太陽、雨と様々な立場が存在するため、相互に関係性を見つける状況について考えました。そして庭が家、家は町、庭は道、と常にそれぞれの意識の中で固定観念の読み替えがされていくような境界を生み出す建築をもう一人の登場人物としてそこに設計しました。

　様々な視点からの大小様々な思惑がその意図とは裏腹に、バランスの取れた関係が状況には潜んでいると思います。太陽、風、雨、植物、動物などの自然の環境以外でも、上司、取引相手、恋人、家族、自分など社会のなかでも都度様々なことが結びつき、関係し合っています。当たり前のことかもしれませんが、その中でいかにあいだを取り持ちお互いがうまく立ち振る舞える状態を物体として、そして空間として、建築はどう存在すべきかを僕たちは設計の中で意識しています。

　そんなとても大きなお話を、このとても小さな部屋からはじめられればと思っています。

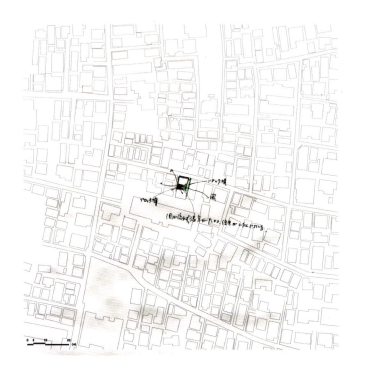

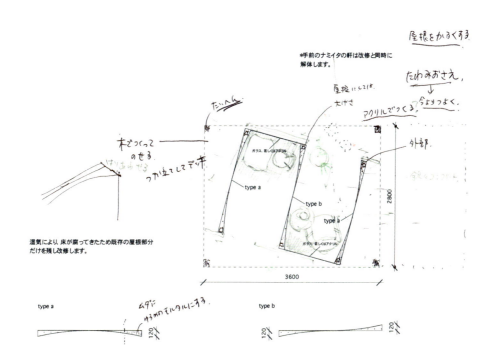

インタビュー
Vol.3

増田信吾
Shingo Masuda

大坪克亘
Katsuhisa Otsubo

増田信吾 (1982 年東京都生まれ)
と大坪克亘 (1983年埼玉県生まれ)
は別々の大学を卒業後、07 年から
東京を拠点として共同での設計活
動をはじめる。08 年「風がみえる
小さな丘」(島田雄太共同設計) 鹿島
出版会 SD Review 2008 入選。

AAF	先日、「風がみえる小さな丘」の写真を拝見しました。つくり終えていかがですか。
大坪	揺れの状況が、計画していたときと、実際の現場では若干違っていましたね。
増田	実際の風はけっこう複雑な動きをするんですよ。最初は海草が海中でゆらゆらしてるような絵を想像していたんですけど、実際には建物が呼吸をしているような揺れ方をしていました。
AAF	増田さんと大坪さんは、言葉で表現できないようなところをつくろうとされているように感じますが、実際にはどのように進められているんですか。
増田	つくっている最中はあくまで想定というか、仮定を積み重ねて設計しています。なので、言語化できないまま設計してます。その代わりに、ニュアンスを伝えるような絵を描いたり、漫画の一コマに例えてみたりしながらイメージを共有していきます。たぶん大坪とは、すごくピンポイントで共有できてると思います。
大坪	そうだね。
増田	ただ、意外かもしれませんが、実はけっこう問題解決型の建築のつくり方をしているんですよ（笑）。その場所の外力、例えば近所の状況だったり、風や湿度の状況だったり、そういう外力条件と、お施主さんの要望や問題を含めて、それをどう解決するかっていうことを考えてつくっているので、実はニュアンス的な話を

風がみえる小さな丘　2010年

ものかげの日向　2010年

ウチミチニワマチ　2009年

するだけじゃないんです。

大坪　そのときに、ただ問題を解決するためだけのものにはしたくないと思っていて。結果的な見え方と、問題解決の方法、そして他との関係をいかに繋げるか、その繋ぎ方が建築家の個性だと思います。

増田　僕、ある映画の中で出てくる「ミツバチと蘭」の話をわかりやすいと思って最近よくするんですけど、映画の中でミツバチと同じ模様をしている蘭の花があるんですよ。ミツバチは騙されてその蘭の花と交配を繰り返すんですが、実は蘭の受粉を手伝っているという話で。ミツバチはちゃんと騙されてるし、蘭の花もちゃんと受粉してて、かといって、欄自身も受粉されたかは知らない、でもどこにも不満がないまま世界はうまくまわっているというか、自然界にはそういう不思議なつながりや付き合いがありますよね。

AAF　お二人の建築を見ていると、人間を含めた自然のサイクルの中で影響を及ぼし合うベクトルのひとつをつくられている感じがします。

増田　そうですね。その場のいろんな要素のベクトルを、ちょっとずつ遮ったり、通したりすることで少しずつ状況を変えてあげて、その場だけの流れをつくってあげるっていうつくり方は大事にしたいですね。

大坪　やっぱり物を置いたときの影響ってすごくあるじゃないですか。前に北海道に「たたずむ壁」を設計させて

もらったときに、地元の方に聞いたんですけど、ある場所に林が二つあって、片方の林を伐採したら、10kmくらい離れたもうひとつの林が全部枯れてしまったそうなんです。二つは全く関係していないように見えるんだけど、実はすごく密接に関係していたんですよね。そういった影響をどう捉えて、どう応えていくかだと思うんですよね。

AAF　例えば、ある模様があるところに磁石をぽんと置くと、そこの磁場が変わって、模様が変わっていきますよね。お二人の場合、磁石の形をデザインするというより、磁石が置かれたことで働く矢印の向きを意識されているように感じます。それを意図してつくることもあれば、意図しないところで、例えば風が吹いて別の模様が生まれたりする。いろんなレイヤーが重なった結果としてできた状態が、つまりつくられた作品のその後なのかなという印象です。

増田　そうですね。でも実は、風の流れだけを追っていったようなものには興味がなくて、もっといろんな要素がひとつの建築で繋がるといいなと思っています。例えば、風だけを追求してつくってしまうと、どうしても変なかたちになってしまって、人間としては受け入れ難いものになっていくと思うんです。そうではなくて、ちょっと違和感があるくらいで、ふつうに人間に受け入れられる存在にしたいなと思いますね。

AAF　馴染むというか、共有できるというか。

増田　見たことあるけど、見たことないというか。最終的には、ふつうだけどちょっと違和感のあるかんじというのを目指しているんです。生き物じゃないけど、もう一人の存在というか。

AAF　なるほど。

増田　例えば今ここに誰か人が入ってきて、それもすごくうまく話しに入ってきて、この場の会話をゆっくり違う方向へ変えていくような、そういう付き合いの上手い建築というか（笑）。

AAF　人と人の関係のように、人と建築の関係を意識されてるのですね。

増田　そうですね。風とかも、全部同じ付き合い方です。
あと、良いことも悪いことも、どちらも排除せずにつなげていくにはどうしたらいいかっていうことを考えますね。例えば、西日のことを「強烈に熱い」って言っちゃったらそれで終わりですけど、あのオレンジ色の光はなかなかつくれないし、両方に価値があると思うんですよね。

AAF　そこにある要素は全て取り込んでいけるような建築ということでしょうか。

大坪　そうですね。まわせる建築がいいですね（笑）。
それらの操作をものすごくうまくやれば、実は無駄がないように思います。

AAF	去年のU-30展はいかがでしたか。
増田	去年はいろいろあって、計画途中でインスタレーションから模型展示に変更したんですが、結果的にはすごくよかったと思っています。
大坪	ああいう展示のときに、インスタレーションをやると、僕らは向かう先で戸惑ってしまうので。建築であればお施主さんもいるし、行き着く先がちゃんとあるんですけど。
増田	展覧会の場合、解決する問題がないというか。
AAF	同世代の出展者についてはいかがでしたか。
大坪	同じ世代の人が、何に疑問をもってやられてるのかを見れて、すごくよかったなって思います。
増田	やっぱり独立するっていうことは、独立しないとそれができないから独立しているはずで、やっぱりそれぞれに新しいことを試みてる気がしますね。そういう知り合いが増えたことで、自分たち自身がなぜ建築をやってるのかっていうことも話すようになったし、いい刺激になりました。
AAF	3月11日の東日本大震災以降、お二人はどのようなことを考えられてますか。
増田	すごく不安になりましたよね。建築って本当は何なんだろうって。実は、続ける意味があるのかっていうところまで考えたんですよ。でもそのときに、ふと今までに手がけた設計物とか、そのとき考えてたことを、何日かかけて二人で見直したんです。振り返ってみると、お施主さんや作る人たちと一緒に、ちゃんと問題を解決して、喜んでもらえるものをつくれてきたという事実は絶対にあったんです。だからそれを糧にして、信じてやるしかないなと思っています。
大坪	震災後、建築家として何ができるのかを考えたときに、今はまだ具体的に分からないんですけど、でもとにかくやっていることは間違ってないから、今までの考え方をもっと強くしていけば、その延長に何かがあるんじゃないかって。それを探していくためにまずは続けていこうと考えました。
AAF	今日はどうもありがとうございました。

増田信吾+大坪克亘 アトリエにて

空飛ぶマンタ
Fly Manta to the Universe

海法圭
Kei Kaihoh

空に浮遊する至大な膜面

　ある高度に巨大な膜状の構築物を作り出し、地球上の多数の人々の生活をより良くすることを目指す「空飛ぶマンタ」プロジェクト（JA82において宣言）について、その途中経過を公開、共有することが今回の展示の目的である。

　「より良く」という漠然とした表現は、この膜が生み出す可能性が莫大であり、かつ慎重な調査・分析なしに語るにはあまりに複雑であることを意味する。

　以下はあくまで仮説であるが、例えば毎年150万haが砂漠化するといわれるサハラ砂漠上空の対流圏に日射遮蔽の用で浮遊させ、直下の気温の下降や日較差の縮小、水分の蒸発量低下を促し、緑に覆われた本来のサハラを取り戻したり、農耕の可能性しいては食糧問題に言及できたりするかもしれない。あるいは北極近辺の成層圏に浮かべ、紫外線除去及びオゾン生成の基盤とする。それらを風の影響の少ない電離層に漂わせ、常に電力供給した状態で全世界を縦横無尽に移動させる。あるいは成層圏下部のジェット気流帯を縦断する帯状の膜にすると、大陸規模での熱融通の可能性もあるだろう。

　今回はケーススタディとして、東京上空、高度1kmに夏期の日射遮蔽と太陽光発電を主な役割とする10km四方の膜を浮遊させる。

　浮遊を実現するには風などの外乱への対策、面剛性や浮力の確保など種々の検討や実験が必要不可欠であるが（詳細な検討事項は次頁参照）、実現すれば少なくとも以下の効果が期待される。

　膜の日射遮蔽率を0.5とした場合、8月中旬の建物表面温度は最も高温となる水平面において13℃、また地表面近傍の気温自体は10℃下がることを確認した。これは6月の快晴日（膜ナシ）よりも過ごしやすいと思われ、さらに日射の5割が直接人体及び衣服に当たらない快適感は木漏れ日のそれに等しいだろう。

　また、冷房代は100km2で年間92億円（試算、住宅のみ）の削減を期待できる。エアコンの有無だけで内部と外部の境界が定義されるではない、窓の自由な開閉を許容する初夏のような生活が真夏にも実現すれば、建築も少し変わるかもしれない。いわばこの膜は空調よりおおらかな環境設備であり、積乱雲より精緻な自然現象である。そしてこのまちは体育館より随分大きな内部のような、あるいは宇宙よりきわめて小さな外部のような場所になるのではないだろうか。

　低成長期かつ震災を経た現在必要なのは、現実や将来に臆する退行ではなく、建築の可能性を信じる自由奔放な想像力でありたい。

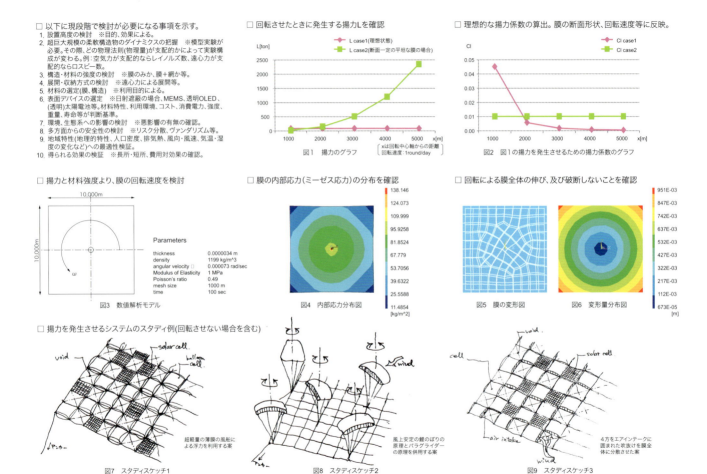

□ 年間の相当外気温度(SAT)をシミュレーションで試算

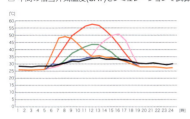

図10　8月10日(膜の日射遮蔽率0)の相当外気温度のグラフ

□ 同日において、日射遮蔽の効果を検証

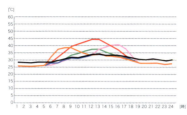

図11　8月10日(膜の日射遮蔽率0.5)の相当外気温度のグラフ

□ 初夏(6/10)より日中は涼しいことを確認

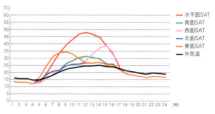

図12　6月10日(膜の日射遮蔽率0)の相当外気温度のグラフ

□ 日なたと日影の表面温度の差を実測

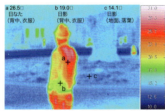

図13　衣服と人体の表面温度(サーモグラフ)

□ 年間をとおした1世帯あたりの冷房負荷の検証

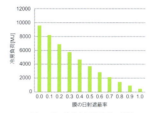

図14　膜の遮蔽率と冷房負荷の関係

□ 年間をとおした1世帯あたりの冷房代の検証

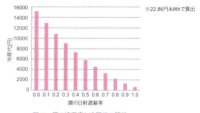

図15　膜の遮蔽率と冷房代の関係

□ 膜の素材の検討

図16　大気球用薄膜フィルムを膨らませた状態

□ フレキシブル太陽電池の検討

図17　太陽電池の日射遮蔽率の計測の様子

□ 模型実験(S=1:10000)による膜の挙動の検証

図18　実験の様子

技術協力：サイスッチャリット・ポンサトーン、高瀬幸造

79

私が注目するU-30
Vol.4

海法圭
Kei Kaihoh

1982年生まれ。07年東京大学大学院工学系研究科建築学専攻修士課程（千葉学研究室）修了後、西沢大良建築設計事務所を経て、10年海法圭建築設計事務所を設立。
主なプロジェクトに「西田の増築」などがある。

寄稿　西沢大良

1964年東京生まれ。東京理科大学、日本大学大学院、横浜国立大学Y-GSA、日本女子大非常勤講師。
主な作品に「沖縄KOKUEIKAN」（06年）、「駿府教会」（08年）がある。

海法圭を知る者はまだ少ないだろう。彼は私と妙に縁がある。私にとって海法圭を推薦するのはこれで3度目だ。最初は、今から6〜7年くらい前に、東大の安田講堂で卒業制作の審査をしたとき、彼の卒制に一票を投じた私が、他の審査員たちや指導教官たちに向かって彼の計画案を擁護したことだ。彼の卒制は原宿に商業施設と刑務所の複合施設を提案するというもので、商業施設ゾーンと刑務所ゾーンが壁を隔てて並行するようにプランニングされていた。するとインテリアショップのおしゃれな家具が壁の向こう側では囚人さんたちによって激安で生産されていたりとか、ブックショップの壁の向こうでは囚人たちが輪転機を回しているといった、ある意味では地産地消と言えなくもない消費と生産の複合施設ができあがる。私がこの計画案に一票を入れた理由は、彼の同級生たちが手法やダイアグラムのことにしか興味を持っておらず、建物の内容についてはほとんど考えないという風潮が支配的であったなかで、彼が建物の内容にたいする興味を失っていなかったからである。私は彼とは一面識もなく、その後もしばらくその間柄は変わらなかったが、そういう学生が本郷にいることだけは記憶に残った。

2度目に彼を推すことになったのは、その2年後に某企業主催の学生コンペ（分煙カフェの実施設計者を選ぶためのプロポーザル）の審査をしたとき、ファイナルプレゼンテーションの一人として彼が登場し、その応募案にまたもや私が一票を投じ、またもや他の審査員に向かって彼の提案を推したときである。海法案は無数の小さな一人用のテーブルを店内に散らばせて、その疎密によって喫煙ゾーンと禁煙ゾーンを気象のように変化

西田の増築　2011年

コーネリス・ホランダー展　2010年

神迎の灯　2010年

させ、カフェを訪れるお客さんにとって喫煙ゾーンの所在を一目でわかるようにする、というもので、分煙カフェでなければ実現できない空間を意識しているのは明らかだった。彼はその後しばらくして私の事務所の社員募集にまで応募してきて、最終的に事務所のメンバーになった。私の事務所では「宇都宮のハウス」を担当したり、他にも海外コンペを主に担当し、その後独立して現在の活動に至る。

　そして今回のこの推薦文が3度目だ。いま思い出したが、私の事務所で働いている期間も、彼を伊東豊雄さんに紹介したり（「宇都宮のハウス」の担当者として）、原広司さんに紹介したり（中国の都市計画コンペの担当者として）、UCバークレーのDanaBuntrockさんに紹介したり（アメリカの研究チームが調査に来日したときの交渉担当係として）いったプチ推薦をしたことがあり、それらも含めると今回が6度目だ。もともと私は誰かを人に推薦するということを全くしない人間であるが、その点で彼だけを例外的に扱ってきたことになる。たしかに海法圭にはその価値がある。

　彼はいま流行している手法や図式、ダイアグラムやアルゴリズムといったことに、基本的に興味を抱いていない。この段階ですでに優れている。彼は建築の内容にたいする興味を失わないのであり、というより建築ではできないような内容を建築で実現することに、興味を失わないのである。彼の卒制やコンペ案、私の事務所での日々の提案、またその後の活動から見ても、そのことは明らかだ。そのような興味を失わずに活動し続けることは、通常の建築を実現することだけでも困難になりつつある今日、多大な困難さを伴うかもしれない。だがそれは、明らかに正当な活動であり、人生をかけるに値する課題である。海法圭がそれをあきらめない限り、私は何度でも彼を人に推薦し続けるだろう。

83

Essay

特集
私が注目するU-30建築家

1980年代に生まれた30歳以下の若手建築家。バブル崩壊の後、社会は建築をつくることに否定的な風潮が続いている中で、あえて建築をつくる道を選んだ、現代の20代の建築を志す若い世代は、建築においてどのようなことを模索しながら、社会に向き合おうとしているのでしょうか。
ここでは、上の世代が注目するU-30世代の建築家5組を、推薦文によって紹介しながら、その実像に迫ります。

特集｜U-30世代の建築家

086-087	香月真大	推薦文 渡辺詞男
088-089	小松一平	推薦文 山下喜明
090-091	齋藤隆太郎	推薦文 真鍋恒博
092-093	西山広志　奥平桂子	推薦文 吉井歳晴
094-095	藤田雄介	推薦文 平塚桂

私が注目する U-30
Vol.5

香月真大
Masahiro Katsuki

2009 年早稲田大学大学院建築学科入学。SIAO (second international architecture) 設立。10 年 SD review 入選、早稲田学生文化賞受賞。11 年より上海を活動拠点にする。

推薦者　渡辺詞男

1968 年生まれ。南カルフォルニア大学大学院建築学科修了。現在、メタボルテックス建築設計事務所。

「元気だけは誰よりもある」という言葉がふさわしいかもしれません。20 代、30 代の若手建築家が爽やかで軽やかな草食系の建築を提案しているところに釘を打つように肉食系の建築を彼は提案しています。今風の若手とは逆に、激しさ、強さ、混沌、建築の強さを提案することで人を強くする建築を作ることはできないだろうかと模索していると感じました。SD review 展などではそれを意図して作ったようですが、叩かれても、叩かれても挑戦し続けることのできる頑強さが彼にはあるのかもしれません。ほとんどの若手建築家が学校の成績も一番で国内外の競技設計を荒らし続けて建築家として世に問うていくのに対して、泥臭いまでの踏まれても、踏まれても這い上がる雑草のような強さです。

　彼の研究を 3 つあげるなら、キースラー、グローバリズム、アジアの 3 点です。

　まだ誰も着目していないフレデリック・キースラーを研究し、ユングの深層心理を通した興味深い観点から論考を示しました。次には海外建築家との国際交流やインタビューを通したグローバリズム研究です。そして、近年では上海の都市計画に着目してアジア諸国の都市研究を進めています。

　建築設計だけではなく、様々な活動を行ない、国際交流では JDS アーキテクツや INAX 銀座でトークショーを行い、FOA などの海外建築家の展覧会を企画し、国内では広島平和記念館

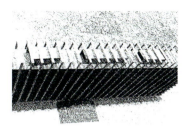
Megaris nou　2011年

Canibanism　2010年

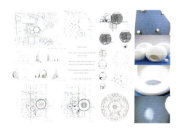
Emotional architecture　2007年

と共同して戦争資料館の誘致運動を展開していました。まだ実作はほとんど無いですが、彼の肉食的活動は今の日本建築界においても他の若手とは違う方法で展開していくことを楽しみにしています。最近では成長著しい中国に注目して上海の都市計画に関する研究を行なっているようです。彼のデザインは荒々しい中国の方が向いていると思うので、この研究を機に中国という建築を作る土壌がある国で様々な剛の建築を作っていくことを楽しみにしています。

　ただ、後先考えないで巨匠に会いに行ったり、インタビューするところは危なっかしいのでひやひやしています。それでもめげないで挑戦し続ける所が成長につながっているのだと思います。まだまだ建築設計は荒っぽい所がありますが、持ち前のパワーで補っていくでしょう。

　正直に言って彼は出会った当初は落ちこぼれと言えるようなものでしたが、元気だけは当初からありました。そのエネルギーが最近彼がメディアに出始めるきっかけになったと思います。そのありあまるパワーをもって彼が建築界で「活躍」というよりも「暴れる」、「問題を起こす」ということがふさわしいかもしれませんが、今の冷えきった日本の建築界で人々を勇気付けて、元気にしていくような何かを起こすことを大いに期待しています。

87

私が注目する U-30
Vol.6

小松一平
Ippei Komatsu

1984 年奈良県生まれ。06 年大阪芸術大学芸術学部建築学科卒業。06-10 年山下喜明建築設計事務所。10 年小松建築設計事務所設立。SMOKER'S STYLE COMPETITION 2006 アイデア部門 最優秀賞。

推薦者　山下喜明

ycf / 山下喜明建築設計事務所主宰。1963 年大阪府生まれ。88 年大阪工業大学卒業、木村博昭／ケイズアーキテクツ。94 年山下喜明建築設計事務所設立。

え？小松君ってまだ 20 代やったん？

そーか、大阪芸術大学卒業してフリーで 1 年過ごしてからウチの事務所で 4 年居て、一級建築士合格して独立したから、まだ 30 になってないんやね。日本人は若さに価値を見いだす傾向があるから、若いうちにいろんなお祭りに参加して実績つくるのはいいコトやね。

あ、でもフリーの時に日本たばこ産業主催 SMOKER'S STYLE COMPETITION 2006 アイデア部門で最優秀賞を受賞してメジャーデビューしてるから、既に注目されてるんじゃない？僕よりメジャーやん (笑)。確か分煙空間の課題に対して、広い一室空間の床にサークル状に穴を開けて床下から緩やかな空気を吹き出させて、禁煙者も喫煙者も共存できる空間を提案したんだよね。

で、なんでウチの事務所に来たんやったっけ？あ、奈良の事務所を探してて、でウチの奈良・青山の自邸 (JT2006 05) を実際に見て「外部の自然環境とダイレクトに繋がっている空間の心地よさに感動した」って言ってたっけ…事務所では主に奈良町のマンションと王寺の家を担当してもらったよね。王寺の家では道路と敷地の高低差を造成せず高床式にして建築で解決しようとしたけど、役所ではなく銀行から横槍が入って造成せざるを得なくなったのを結構気にしてたっけ。

あやめ池の家　2011年

王寺の家　2009年

SMOKER'S STYLE COMPETITION2006
アイデア部門　応募案　2006年

　で、今何してんの？へぇ〜実家の建て替え計画（あやめ池の家）やってるんや…テーマは？「与件として与えられている土地を設計し建物と同等に扱う」…って、やっぱり造成か…よっぽどココロノコリやったんやね。

　ところで今は奈良の住まいを事務所にしてるみたいやけど独立して大阪や都心部に事務所を構えないの？あ「奈良」にこだわっていきたいんや。奈良は歴史が古すぎて現代的なモノは受け入れられにくいけど、だからって町屋みたいな建物ばかり新築すればいいってものでもないよね。奈良の中心部にはいい現代建築が少ないから僕達奈良の建築家が頑張って「ワクワクするような街」を作らないとね。奈良でも郊外では歴史の文脈は薄まるから、住宅を設計するときは、奈良であることよりこの国の住宅のありかたを僕は意識してる。「造成なんかしなくても家は建ちますよ」って言っても残念ながらこの国では造成された宅地に価値を見いだしてるから銀行から横槍が入る。「担保価値ありません」ってね。与件は個々に解けてもこの国の価値観は変わらない。でも建築家の力で少しずつでも変えられないのかな？

　小松君達、優秀な若い世代の建築家達には、個々の作品の次に、社会性を持った活動も期待しています。

私が注目する U-30
Vol.7

齋藤隆太郎
Ryutaro Saito

1984年東京都生まれ。06年東京理科大学工学部建築学科卒業。08年同大学大学院工学研究科建築学専攻修了。08年竹中工務店設計部入社。11年R3110-Architects設立。

推薦者　真鍋恒博

1945年生まれ。93年東京理科大学工学部建築学科教授、至現在。2000年日本建築学会賞(論文)受賞。

　例えばスポーツ界では20代が当たり前のように活躍しているが、建築界ではそうは行かない。実際に建てるための知識や技術の厖大さのほか、資格の問題や、実作に恵まれる機会も理由になるが、「建築家」を名乗るには20代はあまりに若い。

　こうした状況下で注目すべき若手の建築設計者として、竹中工務店・設計部に所属している齋藤隆太郎なる人物を挙げたい。大手ゼネコン設計部は、建築を志す者にとってある種の憧れであろうが、逆に、建築家としてのアイデンティティを捨て、ある意味「サラリーマン」として生きる道を選択した、と言えなくもない。

　しかし齋藤隆太郎君は、社内でもかなり若い内から、コンペで獲得した実作（某大学の研究所）でグッドデザイン賞等、数々の受賞を果たしている。無論、ディテールの不確かな箇所や、デザイン的に未熟な部分もあろうが、大組織内の一個人、しかも27歳の若者が、このように擡頭して来ることには大きな意義がある。こうした「サラリーマン」の立場の他に個人としても、様々な実作に挑戦したり、多くのコンペ入賞を果たしているのだが、彼は個人的にも R3110-Architects として活動しているらしい。

　彼の作品の傾向としては、悪く言えば作品ごとにバラバラで、定まったスタイルというものが無いように思える。上記の研究所のように白く抽象的な空間もあれば、神戸ビエンナーレのコンテナ「Festival」のように色紙吹雪を散らした雑多で体感的な空間もある。しかし、27歳の若者に固まったスタイルを求める事は、必ずしも適切ではあるまい。今後の体験の過程で彼自身のスタイルを見い出して行くことを願う一方、敢えて定まったスタイルを見せぬまま、多様性自体

某大学研究所　2010 年

Festival　2009 年

花と緑のてーぶる　2008 年

をスタイルとして突き進むかもしれないのも、また楽しみである。

　そして何より齋藤隆太郎君は、学生時代から、そして現在も、とにかくアクティブであり、スポーツや音楽など、多趣味である。様々なことに興味を持ちそれを実体験して行くことは、人生を楽しむ上で重要であるし、その豊かな体験は設計にも活かされるに違いない。幼少時から習ってきたヴァイオリン演奏等の芸術への関心は、品のあるセンスの素地であろう。また最近では（実は小生の影響なのだが）山スキーも楽しんでおり、既に 4 年の経験を持つ。何時間もかけて登った大斜面を、誰も踏んでいない雪を蹴散らしながらものの 30 分で一気に滑降するという贅沢なスポーツなのだが、只の物好きではこの趣味については来られない。持続力と根気、繊細さと咄嗟の判断、そして何より情熱と執着が必要なのだが、彼にはその資質がある。

　こうした物事に対する愛情と執着は、当然作品にも表れている。プロダクト作品である「花と緑のてーぶる」は、花壇と組み合わせたイベント用仮設テーブルだが、ガーデニングが施され、食事ができるだけでなく、ハーブを採ってきて茶を楽しみ、さらに地域住民に株分けするなどの提案もある。このような肌理細やかなアイデアの徹底からも、彼の作品に対する愛情と執着を見出すことができる。

　小生は学生のころ、黒川紀章氏の事務所で実習生（只働き、とも言う）をしていた事がある。当時まだ 30 代初頭の黒川氏は大学院在学中から設計事務所を持っていたが、当時はそんな若手建築家が活躍していた。こうした若くして世界的に注目された建築家たちは、その後も良かれ悪しかれ物議を醸す作品を発表して世に大きな影響を与えて来た。当時の若手建築家と比較してはおこがましいかもしれないが、齋藤隆太郎君は、社会に影響を与える大物になる可能性を秘めた人材であることは、自信を持って言っておきたい。

私が注目する U-30
Vol.8

西山広志
Hiroshi Nishiyama

奥平桂子
Keiko Okudaira

1983 年西山は大阪、奥平は神戸生まれ。09 年神戸芸術工科大学大学院修士課程鈴木明研究室を修了後、nishiyamahiroshiokudairakeiko 共同設立。
11 年 NO ARCHITECTS 始動。

推薦者　吉井歳晴

1957 年大阪府生まれ。79 年大阪工業技術専門学校卒業。87 年独立、89 年 WIZ ARCHITECTS に改組。現在、神戸芸術工科大学、関西大学、大阪工業技術専門学校など非常勤講師。

美しく大きな全体と近くて繊細なディテール

　西山君と奥平さんに出会ったのは 2004 年、二人の出身校である神戸芸術工科大学での設計実習、住宅の設計の授業である。　西山君は細部と全体のスタディを繰り返し、詰めて考えた模型を柔らかな口調で何度もエスキスを受けにきていた記憶がある。奥平さんは卒業制作が強く印象に残っており、展示されていた美しく絵本として描かれた強いメッセージと空間をしっかりとした口調で話してくれたことを覚えている。

　大学院に進んだ二人の成長を実感したのは M2 の時に行われた大学主催のオープンスタジオ「青木淳と建築を考える 2008」の作品、「大きな器は建築になる」である。提出の迫る中、エスキス時に見た模型と図面に描かれていた作品のもつ美しさとディテールに新しい何かを感じた。

　昨年の六甲ミーツアートの入選作品「くも」を拝見し、二人が学生時代から発する魅力とこれからにつながる何かを発見したように思えた。

　彼らの作品に共通して見受けられることは全体としての美しく大きなイメージでありそこに環境スケールで抽象性を与えながら一見、矛盾やアンバランスを感じさせる一方で極端に近さを感じる建築的で繊細なディテールやテクスチャーが存在することである。

大きな器は建築になる。　2008年

curtain market　2009年

くもの躯体　2010年

彼らの多くの作品に共通してそのようなイメージが見え隠れするが恣意的な操作ではなくU-30らしい"原石"の魅力を発している。

そしてその源は明らかに異なる二つの力の自然なコラボレーションであり思考道具ＰＣを身体化させながら柔らかく、無理なく様々な属性や境界を超えていっているように思う。

豊かさで溢れ、建築という境界が益々拡がりを見せる現在、構築性を透明化しながら同時に役割の変換を起こしてくれそうな"浄化装置"のような彼らの魅力と力に期待している。

事務所名の"NO ARCHITECTS"。

西山君の「N」奥平さんの「O」でNO？でも彼らが信じるのはARCHITECTS＝建築、やはり名前も自然に無理なくでもどこと無く矛盾ー。

共同アトリエPON　2011年

私が注目するU-30
Vol.9

藤田雄介
Yusuke Fujita

1981年兵庫県生まれ。07年武蔵工業大学（現：東京都市大学）大学院工学研究科修了。手塚貴晴＋手塚由比／手塚建築研究所を経て、2009年Camp Design inc. 設立。

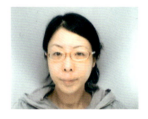

推薦者　平塚桂

1974年生まれ。京都大学大学院修了（建築系）。たかぎみ江とともに、ぽむ企画共同主宰。

　藤田とは2010年4月、「翠ヶ丘の住宅」の取材で出会った。独立間もない20代の建築家の「実作」の取材は珍しい。だから見学するまでそれなりに不安があったのだが、それをあっさり打ち消すいい仕事だった。「翠ヶ丘の住宅」は、1980年代にできたファミリータイプのマンションの1室のリノベーションだ。3LDKの小分けされた部屋をつなぎ、住戸を南北に風が抜ける空間にする、というものだ。マンションは芦屋にあり、夕方になると六甲山からいい風が吹く。

　ここは藤田が5歳の1年間暮らしていた家で、ご両親が別荘のように使えるよう改修したのだという。ここで一般的なマンションを別荘的に変えるため、藤田はさまざまな工夫を施した。木の質感の伝わる床材や壁のシナベニヤに加え、キッチンも家具のような設えを徹底していた。よく見ると、レンジフードやコンロの存在感も丁寧に消している。「南北に風を通す」を貫くために窓を設置した浴室では、かなり複雑な処理もなされている。だが結果としてできたものは、いい意味で普通だ。マンションの1室のリノベーションとしてはかなりスケールの大きなことをしているのだが、その汗を見せない作法に好感を持った。そのとき藤田にもらったのは「翠ヶ丘の住宅」の竣工写真や図面、ダイアグラムや設計趣旨をまとめた、30ページくらいの手づくりの冊子。その丁寧な仕事と過不足ない編集にも驚いた。

　しばらくして今度は「珈琲店I」というタイトルの冊子が送られてきた。今年7月、藤田の案内でその店に伺った。座席数わずか4席。予約が必要で、3名以上の来客不可。私の想像をは

るかに越える強いスタイルを持つ店だ。吉祥寺駅から徒歩10分強のマンション半地下。白く塗りつぶした壁には看板も出ておらず、木の扉だけが手がかりだ。客は事前にホームページを読み、「お心お時間に余裕のない方は御遠慮下さい。」から始まるルールに従うことが求められる。店舗を運営する清田さんによると、以前の店は新小金井の駅前にありガラス張りだったという。店舗のスタイルを守るため、今度は窓も一部のぞいて塗りつぶしてしまっている。清田さんは珈琲をつくる所作が決まっているので、それを引き立てるようにした、と藤田。その珈琲は、バー、茶室、さらに実験室の要素も加わったような、独特の道具とプロセスで生み出される。

ここでは店舗設計といってもかなり特殊だ。手入れの行き届いた道具、カウンター、床材、照明……かなり細かい設備までそっくり移設している。厨房やカウンターのレイアウトや、小上がりの客席など、配置もまた以前の店舗と同じだ。建築家ができることは少ない。

そんなある意味難しい条件の下で、藤田は渋い仕事をしている。まず壁や天井をかなり整理している。換気扇を梁の部分に埋め込んで、ダクトを天井に収めている。そして清田さんのメインの作業スペースの横にある小さな袖壁も面白い。ときどき舞台の袖へと引っ込む、その瞬間の間合いに空間的計算が感じられる。旧店舗から通うお客さんが多いそうだが、きっと新店舗では緊張感のスコアがかなり上がったことだろう。

ほぼ「清田ワールド」として完結する店舗で、治外法権的な大技が炸裂しているのは、藤田が「白い路地」と呼ぶトイレである。細長いスペースの手前と突き当たりの壁面に、ガラスがやや角度を振って張られ、無限に続く回廊のようなスペースとなっている。

いくつかの事例を見て思うのは、藤田の仕事ぶりのよさである。小規模な仕事でも印象に残る理由は、おそらくアイデアをアイデアで終わらせない点なのだろう。風が抜ける、所作を美しく見せる、というようなシンプルなストーリーを、きっちり実現させていく。

翠ヶ丘の住宅　2010年

珈琲店I　2010年

珈琲店I　2010年

U-30 出展者 座談会

インタビュアー
倉方俊輔
Shunsuke Kurakata

最近、建築について考えていること

倉方　今日はよろしくお願いします。まずは最近、皆さんが建築について考えていることから聞いてみたいと思いますが、どうですか。

加藤　僕はずっと日本に住んでいたのですが、今はコペンハーゲンに身を置いていて、最近はそこでのリアリティについて考えています。例えば、日本では太陽が出ていてもそれに直接当たりたいという感じではないですよね。でも、北欧の人たちは、天気の良い日は外でその光を思いっきり浴びたいと思うわけです。そんな身近な例から始まって、そこに流れる時間や、空間、スケールの違いなど、色々なリアリティに対して建築としてどのような可能性があるか考えています。

ヴィクトリア　私はコペンハーゲンに生まれて、2009 年に大学を卒業した後、日本で 1 年間藤本壮介さんの事務所に勤務しました。その後、デンマークに戻り「Lucky House」の仕事の依頼を受けました。これは、アーティストでもある母の 30 年前の教え子がクライアントで、コロニーガーデンハウスという北欧独特の週末住宅のプロジェクトです。私も、身の周りの新しいリアリティーについて少しお話したいと思います。設計事務所での勤務や、学校での設計作業は、何かの課題に対して回答をするようなイメージを持っていました。

一方、今は自分で自分の世界を広げていくような、新しいリアリティーにとても魅力を感じています。実際、自分の家族の知り合いからの仕事が来て、今回 U-30 展に出展させていただき、デンマークのアート基金がコロニーガーデンハウスを広めることに興味を持ってくれて支援してくれることで少し大がかりな展示をできるようになり、色々進めているうちに発泡スチロール会社の第一フォームさんに技術協力していただける話になり、最終的にこのような展示に至ったわけです。色々な人々を巻き込んで大きくなっていく、不思議な生き物のようなリアリティーを楽しんでいます。

倉方 　大西さんは、最近はいかがですか。

大西 　実は最近、悩んでいます。今年「二重螺旋の家」が竣工して、私たちにとって初めて建築と呼べるようなものができたのです。それで、次に一体何を考えようか、というタイミングで 3.11 の大震災が起こって、次に何をつくりたいのかをモヤモヤ考えています。おそらく震災後、皆が悩んでいると思うのですが、あれだけ家や建築が流されていく様子を目の当たりにしながら、現在の状況に対し、個人の建築家としては、本当にわずかなところしか担えない無力さも感じていました。そのような中、ARCHIAID（アーキエイド）という全国の建築の大学による復興支援プロジェクトが始まり、私も一参加者という形で参加することになったのですが、集団で皆の力を合わせていけば、少しは何かを変えていけるのではないかという可能性を感じています。

米澤 　僕は最近、いかに想像力を持ち得るか、ということを考えています。想像力を持つことで、社会や自分たちが変わることができると考えたいです。これは、僕が博士課程として大学に在籍していて若い世代と接する機会が多いから感じるのかもしれませんが、自分も含め、80 年代以降に生まれた世代は、政治にしろ建築にしろ、社会に対して成功しているさまを実感として持ちえていないと思うのです。何かを企てても結局、失敗に帰結してしまうのではないか、何かができるということを想像しにくくなってきているように感じます。できるかできないかはともかくとして、何かを変えうるという想像力だけは失ってはいけない。挑戦し続けていかなければいけないと思っています。今回 U-30 展に出展している作品も、そのようなことを考えている中から、現代における建築の可能性を示せたらと考えて新作を制作しました。ひとつひとつの想像力が社会へと接続し、その総体として建築や都市があったらいいなと考えています。

倉方 　米澤さんは、今回は作品を通してそのようなことを訴えているかと思うのですが、ふだんの設計や建築行為によって、想像力を高めることはできるのでしょうか。

米澤　建築を建てようとすると、その過程においていろいろな人々が関わることになります。敷地があり街並があり、想定される生活があります。その一人一人の想像力、一つ一つの要素のポテンシャルを極限にまで引き出してきて、紡ぎ合わせたものの総体として建築がつくれたらと考えています。ひとつの建築なのだけれども、そこにはいろいろなキャラクターが潜んでいて、解像度を上げて見ていくと先鋭化されて表れてくるような…東日本大震災以降、特にこういうことを考えるようになりました。スーパーヒーローを待っているような社会ではもうないのだろう。現実にはとんでもないことが起きていることを知っていて、実感が持てないまま、ただ日々をやりすごすようなことはできなくて、いかに想像力を伴って回路をつないでいくか。その先に新しい建築、都市のありかたがあるように思います。

金野　私は、最近というより以前から継続的にだと思いますが、現代の建築をどのような時間の中に位置づけられるかということを考えています。新しいものをつくりたいという気持ちと同様に、人類の築いてきた長い時間の延長上に自らの創作を位置づけたいという気持ちが強くあります。震災後、こうした気持ちはより一層強くなりました。被災地の何もなくなってしまった街を見てから、どのようにして、人々が経験してきた風景や、記憶を蓄積させてきた風景の延長に街をたち上げるのか、ということを度々考えています。今回、昔の人々の大自然に対する生きる術が顕在化しましたが、こうした歴史的な叡智を知るとそれを知らなかった以前の自分と同じ認識には立てなくて、こうした叡智から学び、これまでの過去もこれからの未来も含む、長い時間の中に位置づく建築を考えたいと思っています。

瀬戸口　建築を配置するというより、生えてくるようにつくりたい、と最近思っています。「生えてくる」という表現があてはまるかどうかは、僕個人の感覚的な差異でしかないかもしれませんが、自然と一体になれるような、人間らしい生活や生き方をしたいと思っています。
例えば夜、すごく静かなときに雨の音が聞こえてきたり、自然と近い場所に存在することに興味があります。

大坪　僕たちはこれまで、自分たちが信じられる建築をつくろうとする中で、どのようにして建築がいろんな外力や関係をとりまとめる存在になれるのかということを考えてきました。ところが、震災が起こり、ものすごく大きな問題が出てきて直面したときに、今までコツコツと積み重ねてきた問題から一気にとんで、とても遠くにあることまでを想像しないと、到底、解答にたどり着けないような問題が出てきました。それに対してどうするかということを考えているのですが、まずは自分たちが信じられないものはつくっても仕方がないという気持ちがあるので、今まで信じてきたことを少しずつ広げていった結果、それらがつながって大き

な考えになっていけばいいな、と思っています。

増田　僕たちは設計しているとき、楽しいというよりはむしろすごく苦しいです。単に素敵な家をつくりたいという欲求はなくて、今回出展している作品も、家の一部が腐ってしまったから改装しなければいけない、という切実な問題があって、そういう理由や原因のようなものが見えてこないと設計がなかなかできません。何か問題を解決しなければいけない、だから、僕たちの手法と言えるのかどうか分からないのですが、設計をするときには、何を解かなければいけないか、という問題文を常につくっています。そのやり方は前から変わっていないし、これからも変わらないと思います。

海法　僕は最近、大きな空間をつくりたいと考えています。世の中には図書館、美術館など物を大切に扱わざるを得ない内部空間や、それ以外の駅舎や倉庫といった内部空間などがありますが、特に後者の内部空間は、その規模を少しずつ大きくしていくと、あるところから外部のような性格をおびるような気がするのです。そういった空間の規模のみで外部性を帯びた内部空間や、その規模の臨界点がどこなのかに興味があります。今回の出展作品もちょっと大きめの空間をつくったのですが、大きな都市に大きな屋根のようなものをかけたら何が起こるのかを知りたいというのもありました。

倉方　あれが大きめだったら、本当に大きいのはどれくらいの大きさなのだろうって思いますけど（笑）。そういう外部性を持った空間には、何があるのですか。

海法　例えば、現代人は満員電車で毎日通勤したりと、常に人と過度に近くで接しざるを得ない非常に辛い状況です。また、建物をつくる原理も世の中一般のなりたちも人間同士の関係や責任問題で決まっている場合が多いと思うのです。ハウスメーカーはクレームが極力少ない建材を選ぶし、予測不可能な自然は排除して内外を断絶する。高気密高断熱とかも内向きな快適性の志向ですよね。そういう問題と関連しているかもしれません。もしかしたら、外部性を帯びた大きな内部空間がもう少し増えるだけで、東京の人たちのイライラがすこしは減っていくのかもしれないな、と。

座談会の風景

人間に対しての建築

倉方　こうして一通り聞いていくと、皆さんの問題意識として、社会というよりかは人間に対しての建築という話に終始しているというのが印象的ですよね。人間に対する意識がここまで出てきているというのは、随分と面白い現象だと思います。

大西　それは、私たちの世代に限らず、つくるのはやはり人間ですから、人間と切っても切り離せないはずであるのに、それに言及しないという態度をとっていることになりますよね。それは何故なのでしょう。

金野　私の感覚だと、近代の機能主義の文脈では人間のイメージが画一的で抽象的だったように思い、その後は、戦後の極限的な人間の生活、公害に対して守られるべき人間の生活など、常にある種の問題に対する人間の生活のイメージがあったと思います。現在では、それが環境問題という茫漠とした課題として掲げられながら、実は環境を破壊してきた人間の生活自体を顧みる必要があるのではないか、というふうに、問題のフレームが少しシフトしている状況なのだと思います。

米澤　僕は、今の社会が操縦者不在のまま、洗練されたシステムだけが駆動して、自動生成的につくられていって、人々はその中でしか動いていないような気がしています。もっと根幹を考えるときに人ということを語らなければ、気持ち悪い感じがするのです。

大西　先日、ある写真家の方から震災の写真についてお話を伺いました。例えば 9.11 のときやハリケーン・カトリーナのときでも、後世に残っている写真というのは一瞬の劇的な瞬間を捉えた「美しい」写真であると。当時は、報道でも、状況の悲惨さや、そこで起こっている暮らしの問題に関心が向かいがちですが、そうしたことは時間と共に忘れていってしまいます。今回も被災地に行くと、やはりまずその街の人の思いや被害の状況に心が動かされるのですけれど、一歩離れてみると、自然に対する畏怖とか、悲惨な状態なのだけれど、そこにある美しさのようなものが見えてきて、どこか人間ドラマに捉われない、一歩離れた視点が想像力を生むのかな、と思いました。

座談会の風景

倉方　皆さんのお話を聞いていくと、人間のことというのが私的な個人を対象としているわけではないのですよね。自分のことも含めた、社会の中にある個々の人間のことを捉えて、認識しているように思いました。

展覧会に出展してみて思うこと

倉方　では、ここで話の方向性をすこし変えたいと思います。今年の展覧会場を見て、改めていかがでしたか。僕自身の感想としては…何というか、ギャラリーらしいですよね。建築展らしくなったというか、去年はもっとインスタレーションが多かったですよね。

米澤　僕は去年、インスタレーションを出展していたのですが、インスタレーションは良くも悪くも体験できてしまうので、ピュアなものとして閉じてしまいます。それはそれでいいのですが、今年は未来へのプロセス、これからの建築のありかたを考え提示したいと考えました。それで、模型を展示することで体験はできないけれども、その分想像してもらったり、いろんな解像度で見ていただきたいと思っています。

増田　去年はいろんな建築の捉え方があったのに対して、今年は皆の目指す先が近づいてきているというか、何となくひとつの方向性が見えてきたように思います。去年は去年で、幅の広さがあったので、その違いから自分たちの位置が分かったということもありましたが、今年はひとつのまとまりのある状況が U-30 の展示として生まれつつあるのかな、と思います。その方向性というのは、先ほどのお話でも話題に上がったような、内発的であったり、人間をベースにして考えている、という共通点が見えてきたようにも思います。

金野　私は今年初めての出展なのですが、建築を実現させる推進力のある人の集まる展覧会だなという印象です。私もふだん大学で働いていますが、最近の学生を見ていると、つくることに対する欲求が自分と随分違うように感じられます。温度差があるというか。この展覧会には手を挙げて集まってきた人も多いので当然かもしれませんが、前進してやるという気持ちが強いというか、クライアントがいないけどつくってしまえ、有り余るエネルギーを表現しよう。という元気があって、素朴な感想になってしまいますが、先は暗くないかなという感じがします。

海法　はい、クライアントはまだいないですけど（笑）。日本は今、低成長期で、省エネブームで、震災も起きてしまって、モノをつくることに関しては大変な状況ですが、海外に目を向ければ当然話は違いますし、この状況ではこんなものだろうと限界をつくってしまうのが嫌なのです。自分ですべてを切り拓いていけるのだという

	ことを信じていない限りは、日本の未来も変えていけないだろうと思います。だから今回の展示は、自分よりもさらに若い世代に向けて、大きなことをやっていこうよ、という意図もあります。
瀬戸口	僕は去年見に来ていたのですが、そのときに来年は出したいと思っていて、今年は去年とは違う方向性が良いなと思っていたのです。今年、実際に出展してみると、皆さんの考え方が面白く、取り組み方が真面目で、展覧会としては見ていて楽しいと思います。
加藤	でも建築展って難しいですよね。想像的な広がりと、体験的な広がりと、両方を実現したいじゃないですか。そうなったときに、インスタレーションだと想像的な広がりが少なくなってしまう気もしていて。最初は大きな模型を展示すれば良いと思っていたのですが、甘かったですね。
金野	私も加藤さんのお話には共感するところがあります。今回はある程度の大きさの領域で空間を体験することができるので、本物の建築の質を感じられるような展示にしたい、でも同時に体験する人の想像力を促す展示にしたい、と思いました。建築は原寸で展示して、そのスケールや窓の関係性などを感じられたらベストだと思いましたが、それは無理なので、タペストリーを使って 1/4 くらいの縮尺まで伸ばそう、これが一番大きくできる手だと考えました。同時に、もう一つレファレンスを同じ大きさで展示して、その２つの間で訪れた人の想像力をかき立てるような、自由に展開できる世界があったらいいなと考えています。
加藤	今、ルイジアナ美術館で、建築展をやっていて、そこでの展示をいろいろと見て、想像が膨らみ、なおかつ体験的なインパクトの両方があるものがいいなと感じました。なので、今回、自分が考えていることを考えとして伝えつつ、体験にもつながっているようなことをやりたいなと思いました。実は僕たちは 1/1 で何かをつくったのは初めてだったので、結構悩んだのですが、皆さんうまいことやっていますよね（笑）。
倉方	そうですね。展示の見せ方が意識的ですよね。個人的には、1970 年代・新建築住宅特集のコンペのようだと感じました。でも、SD レビューよりも設計手法に対して意識的という意味で良いと思いますよ。全体的には、展覧会的だなというところと、理由は何でか分からないのですが、ポエティックだなという印象が残りました。あとは、いい意味で技巧的、一方ですごく客観的で、手法を自ら選択して見せているその巧みさは何なんだろう、と不思議に思うのですが、近代における若さとはちょっと違う感じがしました。がむしゃらな個人ではなく、社会の中で見つめられている自分というものと、今回の展示の仕方がどう見つめられるかということを分かった上で、つくっているような印象ですよね。

これからの建築の可能性

倉方　そろそろ最後の質問にしたいと思います。建築にはまだまだできること、あるいはやらなきゃいけないことはいろいろあるわけで、今後の自分自身に対する奮い立たせや、建築の可能性について、聞いてみたいと思います。

大西　震災が起こった今、建築に対する価値観が大きく揺らいでいると思います。でも、それは同時に、今までまったく考えたことのなかった新しい価値観を建築を通じて提示するべき時期なのではないかと思っています。それを与えられた機会だと思って、悩み続けながら何かを探せたらいいなと思います。

金野　今回、出展している住宅が着工し現場が進む中で、手探りながらもいろんな技術を持った人に協力してもらい、住宅のそこかしこに名前がついていくような感覚を得ながら設計を楽しんでいます。京都の職人さんで唐紙を扱っている方に壁紙を一緒に考えてもらったり、家具を大学の同世代の助手さんに相談しながら設計していたり。これまでの海外渡航の中でインドやアフリカでの体験が影響しているかもしれませんが、生活を成立させるものがどこから来て、誰によって、どのようにつくられているか、という生態系が目に見えるように建築をつくりたい、と考え始めています。出自の知れたものの集まる建築というイメージでしょうか。

座談会の風景

瀬戸口　金野さんも言っていたように、人の手の跡が残るような建築をつくれる建築家になりたいなと思います。設計者に限らず、職人さんなど、つくる人の手の跡、そういうものが見える建築をつくりたいと思っています。

米澤　終始一貫した話になってしまいますが、建築とは想像性溢れる夢と現実をつなぎ合わせることができるものだと考えています。今回の出展作品でもいろんな人々を巻き込んで、学生だけではなく社会人も合わせて総勢46人を巻き込んで制作にあたりました。もう2時間3時間の参加でもいい。一緒につくっているという実感を共有できたらいい。そこにいる一人一人のキャラクターを読み込み、いかにポテンシャルを引き出していくか。その総体として集落のように建築ができあがっていく。一種のお祭り騒ぎですね。実に楽しい作業であり、その先にこれからの建築のありかたが示せたらと思います。

大坪	去年、伊東さんのシンポジウムのときに「繊細」と言われていて、僕たちはそうではないと思っていたのですが、割と最近「繊細」なのだということがようやく分かってきました。つまりいろんな関係を見ながら、どういうふうにうまく繋いであげようかと考えていくことって、結局その関係が崩れたときに、それが成立しなくなってしまうものだったら、確かにそれは繊細だなと思っていて、あのときはそうではない見方で僕たちは強さを求めているのだという話をしていました。繊細さもありながら、ここに存在している確かな存在の強さをもったものをつくれないかな、と思います。強いものでありながら、関係性を無視したものではない、いろんなファクターに対して繊細に絡まっている、そういうロジックを持ったものができたらな、と思っています。
ヴィクトリア	展示の準備に、デンマークからも 2 人手伝いに来てくれていました。そのうちの一人は建築の学生さんではなかったので、はじめはどんな作業をお願いしたらよいか迷いました。話を聞くと、彼女は週末に動物園で子供たちの顔に動物のペイントをするアルバイトをしているというので、床の塗装をお願いしました。すると、彼女は私達の想像もしなかった彼女なりのこだわりを持っていて、とてもユニークな床になりました。自分を制限しないことで、周りの人の隠れた面を発見するようなプロセスにとても興味があります。ポジティブに想像を超えた勘違いをし合うというか。
加藤	僕とヴィクトリアの間でも、勘違いのし合いは頻繁にあります。打合せした内容とは別の物ができているんだけど、こっちのほうが更に良いものになっている！とか。そういうあるポジティブな勘違いのし合いのようなものの総体が、かたちとなって現れてくると面白いなと思っています。一個人で建築をつくるところから変わってきているのは、そういった可能性を見出してこれているからではないかと思います。
倉方	単純に社会的に協同してやっていこうという話ではなく、今までとは違う、ポエティックな繋がり方、その辺りが世代らしさかもしれないですね。人間が持っているものが繋がって、建築がコアになって何かできること、そういうものを目指しているのかな、と。形式を与えることによって、人間の持っている表面化されていない部分を引き出す装置として、建築の可能性はまだまだありうるのではないかと思いました。
加藤	お施主さんとものをつくっているときも、協同しているのに近いところはありますね。コラボレーションと言ってしまうと違うイメージがあるのですが、プロセスが新しいものに繋がっていくといいな、と思っています。
金野	建築がたち上がって街の中に位置づく以上、それは社会的な構築物であって、施主のための建築だけでない、そこを通る人や街で共有する人にも関わる街全体の財産になると思います。全くまっさらなところから始め

座談会の風景

て、見たことのない新奇なものを建てる必要はなく、自分がそこに建てる時点ですでにたくさんの財産があって、それを紡ぎながらあらゆる決定をすることに創作の可能性があると感じていて、この紡ぎの作業を、現代に建物としてたち上がらせることが、自ずと新しさを担うのだと思っています。

大西　先ほどから「新しい」という言葉が何度か出てきていますが、誰も見たことがないけれども、何故か良い！と思うことができる「新しい」価値を提示するのが建築家の役割なのではないかと思います。ただ、その新しさの指し示し方が少しずつ変化してきているような気がしていて、見つけていなかったツボを押すような、ちょっと違う見方をするとそれはすごいことに見えるとか、ある意味でとても暴力的なのだけどすっと入ってくるとか、そういう指し示し方をしたいなと思っています。

海法　今回の出展作品を検討するにあたって、航空宇宙工学の研究者にエンジニアとして参加してもらっているのですが、面白いのは、建築を学んだ人と話しているのと同じように違和感なく会話が成立するのです。不思議に思って、試しに理由を尋ねてみたら、「宇宙の世界は建築から人と重力を抜いただけ」だと言っていて、なるほど、と。言いかえると建築の検討条件から人と重力さえぬけば、宇宙の提案もできてしまうのです。完全に専門分化した別の世界のもの、という認識があるけど、前提条件を１つ２つ外してみると、いくらでも建築が他分野と重なっている可能性があるということを勉強できて良かったです。

倉方　今日は面白いお話を聞かせていただきました。ありがとうございました。

（2011年7月30日　展覧会会場 会議室にて）

U-30展に寄せて

五十嵐太郎
建築史・建築批評家

○ 20代による20代のための建築イベント

　2010年に大阪で第一回が開催されたU-30の展覧会とシンポジウムを訪れ、もっとも驚かされたのは、300人以上の聴衆を集める場が成立していたことだった。言うまでもなく、建築はほかのジャンルに比べて、遅咲きの業界である。スポーツ選手は10代で頭角をあらわし、30代になれば、もうベテランだし、引退してもおかしくない。音楽の場合、クラシック系は幼少からの教育が重要であるし、それ以外のジャンルのミュージシャンも20代にはデビューする。アーティストも20代には頭角をあらわす。こうした状況に対して、40代でもまだ若手と言われる建築家は、多くの経験と知識を必要とし、また大きな資金を提供する施主がいなければ、仕事ができないために、どうしてもスタートが遅くなる。それゆえ、ある海外の雑誌が、建築家は何歳までが若手なのか？を特集していたくらいだ。筆者の記憶でも、『SD』がU-40を、『建築文化』がU-35を企画していたが、さすがにU-30という切口は過去になかったように思う。

　U-30展のシンポジウムの前日、梅田スカイビルにおいて、卒業設計以前の学部生が参加する建築新人戦2010にコメン

テータとして参加したが、そこでも数百人の聴衆がつめかけていた。いずれも20代の若手を主役とするイベントである。U-30でも、博士課程だった大西麻貴や米澤隆など、まだ在学中のメンバーがいた。Twitterやブログ、あるいはメールなど、ネット社会における情報の伝達速度も少なからず影響していると思われるが、ゼロ年代以前には考えられない状況だろう。なるほど、文学界においても、綿矢りさを嚆矢として受賞作家の低年齢化が話題になっている。しかし、彼女の読者は同世代ではなく、むしろ今時の若い人の気持ちを知りたいと考えていた年配に読まれていたはずだ。一方、U-30のイベントでは、企画者、出展者、来場者は、やはり20代が中心になっている。明らかに建築界において新しい現象が起きているのだ。

もちろん、筆者も企画に関わる、せんだいメディアテークにおける卒業設計日本一決定戦は、こうしたムーブメントの牽引力になっているだろう。2003年にスタートした後、毎年規模が大きくなり、今やファナルの公開審査を見学しようと、全国から3000人以上の建築学生が集まる巨大なイベントである。せんだいメディアテークにとっても、一日の集客数では、最大のキラーコンテンツだろう。一級建築士の資格学校による大型の協賛も後押しして、全国各地で卒計イベントが行われ、記録本もつくられるようになった。旧来の雑誌が減ってしまった現在、在野で活動する30代の若手建築家よりも、20代の優秀な学生の方が書籍に作品が収録される可能性が高いのかしれない。前回のU-30展に参加した大西や大室佑介は、卒業設計日本一決定戦でも上位に残って、注目された若手だが、学生のときから大舞台に立つ、新しい世代がいよいよ実際の建築に踏みだす時期を迎えたといえよう。

○活躍するU-30たち

　ここまでゼロ年代に出現した特異なメディア状況を概観したが、次にU-30たちの活躍に注目してみよう。前回に続き、今回の展覧会でも出品している増田信吾＋大坪克亘、大西麻貴＋百田有希、米澤隆は、いずれも実作を手がけている。

　2011年6月18日、五反田の東京デザインセンターにおいて、筆者は飯島直樹、近藤康夫、皆川明、韓亜由美らとともに、JCDデザインアワード2011の公開最終審査を担当した。基本的にはインテリアデザイナーが参加する賞だが、近年は中村拓志や中村竜治など、若手建築家の入賞が話題になっている。

◯ 20代による20代のための建築イベント

　2010年に大阪で第一回が開催されたU-30の展覧会とシンポジウムを訪れ、もっとも驚かされたのは、300人以上の聴衆を集める場が成立していたことだった。言うまでもなく、建築はほかのジャンルに比べて、遅咲きの業界である。スポーツ選手は10代で頭角をあらわし、30代になれば、もうベテランだし、引退してもおかしくない。音楽の場合、クラシック系は幼少からの教育が重要であるし、それ以外のジャンルのミュージシャンも20代にはデビューする。アーティストも20代には頭角をあらわす。こうした状況に対して、40代でもまだ若手と言われる建築家は、多くの経験と知識を必要とし、また大きな資金を提供する施主がいなければ、仕事ができないために、どうしてもスタートが遅くなる。それゆえ、ある海外の雑誌が、建築家は何歳までが若手なのか？を特集していたくらいだ。筆者の記憶でも、『SD』がU-40を、『建築文化』がU-35を企画していたが、さすがにU-30という切口は過去になかったように思う。

　U-30展のシンポジウムの前日、梅田スカイビルにおいて、卒業設計以前の学部生が参加する建築新人戦2010にコメンテータとして参加したが、そこでも数百人の聴衆がつめかけていた。いずれも20代の若手を主役とするイベントである。U-30でも、博士課程だった大西麻貴や米澤隆など、まだ在学中のメンバーがいた。Twitterやブログ、あるいはメールなど、ネット社会における情報の伝達速度も少なからず影響していると思われるが、ゼロ年代以前には考えられない状況だろう。なるほど、文学界においても、綿矢りさを嚆矢として受賞作家の低年齢化が話題になっている。しかし、彼女の読者は同世代ではなく、むしろ今時の若い人の気持ちを知りたいと考えていた年配に読まれていたはずだ。一方、U-30のイベントでは、企画者、出展者、来場者は、やはり20代が中心になっている。明らかに建築界において新しい現象が起きているのだ。

　もちろん、筆者も企画に関わる、せんだいメディアテークにおける卒業設計日本一決定戦は、こうしたムーブメントの牽引力になっているだろう。2003年にスタートした後、毎年規模が大きくなり、今やファイナルの公開審査を見学しようと、全国から3000人以上の建築学生が集まる巨大なイベントである。せんだいメディアテークにとっても、一日の集客数では、最大のキラーコンテンツだろう。一級建築士の資格学校による大型の協賛も後押しして、全国各地で卒計イベントが行われ、記録

今年も建築系が健闘する結果となったが、大賞を決定する最終投票では、増田信吾＋大坪克亘らの「風が見える小さな丘」が惜しくも破れ、実質的に二位だった。これは新人賞ではない。彼らがまだU-30であることを考えると、快挙だろう。筆者は終始彼らの案を推し、大賞候補になるだろうだと思っていた。なぜなら、構造計算を行い、意図的に風で揺れる繊細な塔を設計するというのは、過去にあまり例がなく、しかもアートやインスタレーションではなく、建築にしかできない挑戦だと考えたからである。逆に言えば、他の最終作品は類似例があり、アートなどで行われる手法を応用したものだった。

2011年春、大西麻貴＋百田有希は、東京において最初の住宅、二重螺旋の家が竣工した。中央にコアとなる垂直の塔状ヴォリュームを置き、そのまわりに移動のための連続した空間がとぐろを巻く。旗竿敷地の奥にあるため外観は部分的にしかあらわれないが、ぐるぐるまわりながら歩くと、各方向との関係性が変わり、内部空間の体験のシークエンスと周辺環境との応答がめくるめく展開していく体験を与える。発見的な強い空間の形式性をもちつつも、それと相反するかのような、おとぎ話を思わせる雰囲気が共存するのが、ユニークである。これは現代における塔の家だろう。興味深いのは、二重螺旋の家の工事に使われた型枠を用いて、恵比寿のギャラリーにてホンマタカシの写真展の会場構成も行ったこと。大西は、リノベーションされた空間にふさわしいテクスチャーをもつ、さまざまな姿勢で向きあう立体覗き箱を設置した。

米澤隆は、SDレビューの入選作である、鉛筆の先のように尖った家型の外観をもつ公文式の教室が京都に完成した。驚かされたのは、2010年11月、名古屋のフロリスト・ギャラリーNの「小さないえから大きな都市へ」展のトークイベントにおいて彼が住宅や飲食店など、幾つかの実施作を紹介していたことである。まだ名古屋工業大学の博士課程に在学するU-30の建築家としては、驚異的な仕事量だろう。また彼は、311以降を踏まえた「SPACE OURSELVES」展（京都、東京、浜松を巡回）にも参加し、娯楽フォリー、飲食フォリー、フリマフォリーなど、6つのフォリーをトラックで持ち込み、仮設住宅地のストリートを活性化させるプロジェクトを提案していた。ちなみに、この展覧会は、川勝真一らが運営し、京都に拠点を置く建築系のオルタナティブ・スペースの「radlab.」が企画したものである。ここでも20代が、こうしたメディアの場を独自に生みだす。

○ グローバリズムの時代のU-30

　今回のU-30展では、加藤＆ヴィクトリア、海法圭、金野千恵、瀬戸口洋哉ドミニクらの四組が新しく出品する。藤本壮介事務所に勤務していた加藤比呂史と塚本由晴研究室に所属していた金野は、仕事を通じて以前から面識があったが、両者ともに構成のレベルと環境との関わりにおいて建築の可能性を切り開く。海法は、プロダクト、展示構成、建築、ランドスケープまで仕事のレンジは広いが、とくにマイクロフィルムを用いて、半透明の巨大な膜を浮遊させるプロジェクトには時代の閉塞感を突き抜けた21世紀のバックミンスター・フラー的な構想力を感じさせる。そして瀬戸口は、ポーランドと江田島市でプロジェクトを進行中だという。他の新規の出展者とも共通するが、建築家として国内で成功してから海外の仕事に進むというかつての順番ではなく、キャリアの最初、いや学生のときから当たり前のように世界とつながっているのは、グローバリズムの時代を反映したものだろう。こうした社会の環境は、上の世代と決定的に異なっている。

　筆者と同世代である1960年代生まれが建築家として頭角をあらわしたのは、1990年代の後半だった。当時は30代である。しかし、バブル崩壊後のために、ポストモダンの大きな仕事を次々とこなした上の世代のようなチャンスがなく、梯子を外されたような状況だった。それゆえ、アトリエ・ワンやみかんぐみなどを含む、彼らはリノベーションも積極的に手がけ、派手な造形や目立つ形態ではなく、まわりの環境や条件をていねいに読みとく。一方、藤本壮介、石上純也、平田晃久など、1970年代生まれは、ゼロ年代に注目されることになったが、外在的な状況ではなく、建築の原理というべきレベルから刷新を試みる。世代ごとに特性が反転する現象といえるだろう。また。その場でしか経験できない現象をもたらす場のデザインを志向する。

　では、今回のU-30、すなわち1980年代生まれの世代はどうか。当然ではあるが、現時点では実施作が少ないために、正直いって、まだふさわしい言葉が見つからない。メディアが注目する環境が整えられているとはいえ、プロジェクトが中心であり、やはり彼らが本格的に仕事を展開するのは、これからの2010年代だろう。つまり、U-30の展覧会の後、本当の意味での勝負が始まるはずだ。

プロフィール

大西麻貴　Maki Onishi

1983年愛知県生まれ。2006年京都大学工学部建築学科卒業。2008年東京大学大学院工学系研究科建築学専攻修士課程修了。2011年より横浜国立大学大学院建築都市スクールY-GSA設計助手。大西麻貴+百田有希共同主宰。主な作品に「千ケ滝の別荘」2006年〜(SDレビュー2007鹿島賞)、「都市の中のけもの、屋根、山脈」2008年、『ダブルクロノス展』出展作「夢の中の洞窟」2009年（東京都現代美術館）、「二重螺旋の家」2011年などがある。

海法圭　Kei Kaihoh

1982年生まれ。2007年東京大学大学院工学系研究科建築学専攻修士課程(千葉学研究室)修了後、西沢大良建築設計事務所を経て、2010年海法圭建築設計事務所を設立。主なプロジェクトに、「西田の増築」、「コーネリス・ホランダー展」(展示構成)、「Mビル屋上プロジェクト」(アーティスト3名と恊働)、「CO_2±0住宅共同開発事業」(パナホーム・東京大学・日建設計と恊働) などがある。また、国際ワークショップ City Switchに参加し「神迎の灯」(行灯デザイン) なども手がける。

加藤比呂史　ヴィクトリア・ディーマー　Hiroshi Kato　Victoria Diemer

加藤比呂史は、1981年東京生まれ。2004年武蔵工業大学卒業。2004年-2010年藤本壮介建築設計事務所、2010年日建設計、2010-2011年COBE/Copenhagenを経て、2010年KATO & Victoriaを共同設立。
ヴィクトリア・ディーマーは、1983年コペンハーゲン生まれ。2009年オーフス建築大学卒業。2009-2010年藤本壮介建築設計事務所を経て、2010年KATO & Victoriaを共同設立。

金野千恵　Chie Konno

1981年神奈川県生まれ。2005年東京工業大学工学部建築学科卒業。2005-06年スイス連邦工科大学(ETHz)派遣交換留学プログラム奨学生。2011年東京工業大学大学院理工学研究科建築学専攻博士課程修了、博士（工学）取得。2011年より神戸芸術工科大学大学院芸術工学専攻助手。2011年オーストラリアクイーンズランド大学客員研究員。2011年コンノ(KONNO)を設立。作品に「向陽ロッジアハウス」（2011年竣工予定）、著書に「Window Scape 窓のふるまい学」(共著 塚本由晴・能作文徳、フィルムアート社)がある。

瀬戸口洋哉ドミニク　Dominik Yoshiya Setoguchi

1981年広島県生まれ。2004年大阪芸術大学芸術学部建築学科卒業。2004年より新田正樹建築空間アトリエ勤務を経て、2010年dygsa設立。主な受賞歴に、卒業制作ゲスト審査員特別賞西沢立衛賞、2007年新建築住宅設計競技2等がある。住宅・店舗の設計・デザインを主の活動とし、インスタレーションユニット100Q.を共同設立。犬島時間、100万人のキャンドルナイト等にて作品の展示を行う。

増田信吾　大坪克亘　Shingo Masuda　Katsuhisa Otsubo

増田信吾(1982年東京都生まれ)と大坪克亘(1983年埼玉県生まれ)は別々の大学を卒業後、2007年から東京を拠点として共同での設計活動をはじめる。2008年「風がみえる小さな丘」(島田雄太共同設計)が鹿島出版会SDReview2008に入選し、翌年2009年「たたずむ壁」(ATELIER hH共同設計)が 鹿島出版会SDReview2009に入選する。2009年竣工した「ウチミチニワマチ」が社団法人愛知建築士会名古屋北支部建築コンクールに入賞する。

米澤隆　Takashi Yonezawa

1982年京都府生まれ。2007年国立大学法人名古屋工業大学工学部卒業。現在、同大学大学院工学研究科博士課程。「HAP+associates」主宰。主な作品に、「S邸-生きている建築-」2006年 (中部インテリアプランナー協会学生賞)、「9つの家と3つの家族と1つの畑」2007年 (sustainable architecture and design 07 入選)、「ディスプレイ壁の中に住み込む家」2008年、「オモヤとハナレ」2011年 (SUSアルミ建築　30歳以下の建築家による指名設計競技優秀賞)、「公文式という建築」2011年 (SDReview2008入選) などがある。

作品リスト

Osaka Garden House / Lucky House　2011年
加藤比呂史　ヴィクトリア・ディーマー
EPS（発砲スチロール）
W 5400mm × D 5400mm × H 2700mm

二重螺旋の家　double helix house　2011年
大西麻貴
ミクストメディア
W 500mm × D 500mm × H 400mm

島と梅の家　House of island & ume
Samsonowの村　Hamlet of Samsonow　2011年
瀬戸口洋哉ドミニク
模型、スケッチ、ドローイング
W 470mm × D 3600mm × H 750mm
W 700mm × D 1000mm × H 350mm

パラコンテクスト　アーキテクチャー
paracontext　architecture　2011年
米澤隆
スチレンボード、木
W 300mm × D 300mm × H 300mm ×16
W 1200mm × D 1200mm × H 500mm × 1

小さな部屋　a small room　2011年
増田信吾　大坪克亘
鉄、モルタル、石膏、他
W 700mm × D 700mm × H 1000mm × 2

向陽ロッジアハウス
Sunny Loggia House　2011年
金野千恵
タペストリー：トロマット、他
W 4000mm × D 1800mm

空飛ぶマンタ　Fly Manta to the Universe　2011年
海法圭
木、スチレンペーパー、スタイロ
W 2500mm × D 2500mm × H 2500mm

113

シンポジウム

Under 30 Architects exhibition 30歳以下の若手建築家7組による建築の展覧会

U-30 記念シンポジウム I

日時　2011年 9月 23日（金・祝）15:30-18:30

会場　　ATC特設会場　アジア太平洋トレードセンター（ATC）ITM棟

ゲスト建築家　　伊東豊雄
進行　　　　　倉方俊輔（建築史家）　　　meets　U-30出展若手建築家

世界を代表する日本人建築家・伊東豊雄を招き、これからの建築を考えていく方法と手がかりを探ります。

（関西）

倉方 俊輔（くらかた しゅんすけ）

1971年生まれ。早稲田大学大学院博士課程満期退学。博士（工学）。大阪市立大学大学院工学研究科准教授。主な著書に「吉阪隆正とル・コルビュジエ」、「建築家の読書術」（共著）などがある。

伊東 豊雄（いとう　とよお）建築家

1965年東京大学工学部建築学科卒業。近作に「多摩美術大学図書館（八王子キャンパス）」、「座・高円寺」など。日本建築学会賞、ヴェネツィア・ビエンナーレ「金獅子賞」、王立英国建築家協会（RIBA）ロイヤルゴールドメダル、高松宮殿下記念世界文化賞など受賞。現在、「今治市伊東豊雄建築ミュージアム」（2011年7月竣工予定）、「台中メトロポリタンオペラハウス（台湾）」（2013年竣工予定）などのプロジェクトが進行中。

Under 30 Architects exhibition 30歳以下の若手建築家7組による建築の展覧会

U-30 記念シンポジウム II

日時　2011年9月24日（土）15:30 -19:30

会場　ATC特設会場　アジア太平洋トレードセンター（ATC）ITM棟

ゲスト建築家　　五十嵐淳（北海道）× 谷尻誠（中国）× 平田晃久（関西）× 平沼孝啓（関西）× 藤本壮介（関東）
進行　　　　　　五十嵐太郎　（建築史・建築批評家）（東北）　　　　　　　meets　U-30出展若手建築家

日本を代表し全国で活躍をする出展者のひと世代上の建築家を一同に招き、これからの日本の建築のあり方を探ります。

（北海道）

五十嵐　淳（いがらし じゅん）

1970年北海道生まれ。
97年五十嵐淳建築設計設立。03年吉岡賞、04年大阪現代演劇祭仮設劇場コンペ最優秀賞、05年BARBARA CAPPOCHIN国際建築賞グランプリ、10年JIA新人賞を受賞する。

（中国）

谷尻　誠（たにじり まこと）

1974年生まれ。00年サポーズデザインオフィス設立。THE INTERNATIONAL ARCHITECTURE AWARD（アメリカ）、AR Award commendation（イギリス）、JCDデザインアワードなど他、多数を受賞する。

（関東）

平田　晃久（ひらた あきひさ）

1971年大阪府生まれ。
97年京都大学大学院修了。97-05年伊東豊雄建築設計事務所。05年平田晃久建築設計事務所代表。08年JIA新人賞、11年高雄流行音楽中心国際コンペ2等など他、多数を受賞する。

（関西）

平沼　孝啓（ひらぬま こうき）

1971年大阪府生まれ。AA School（ロンドン）に渡英後、99年 Hs WorkSHop-ASIA（現・平沼孝啓建築研究所）を設立。
日本建築士会連合会賞やJCD準大賞など他、多数を受賞する。

（関東）

藤本　壮介（ふじもと そうすけ）

1971年北海道生まれ。
東京大学工学部卒業後、00年藤本壮介建築設計事務所設立。08年JIA日本建築大賞、09年wallpaper*誌のDesign Awards 2009など他、多数を受賞する。

（東北）

五十嵐　太郎（いがらし たろう）

1967年、パリ（フランス）生まれ。
92年、東京大学大学院修士課程修了。博士（工学）。現在、東北大学教授。11回ベネチア・ビエンナーレ国際建築展日本館展示コミッショナーを務める。

定員　500名（申込み先着順）

入場　¥1,000
I・II共通券 ¥1,500

申込締切
2011年9月19日（月）必着

申込方法
希望日・氏名・年齢・性別・所属（会社名・大学名）・郵便番号・住所・電話番号・メールアドレスを記載し、下記申込先までEメールあるいはウェブ申込フォームにてお申し込み下さい。

申込先
特定非営利活動法人
アートアンドアーキテクトフェスタ
ウェブ　www.aaf.khaa.jp/u30/
Eメール　u30@khaa.jp

あとがき

平沼孝啓

建築家

　昨年の秋に開催された第1回目のU-30展（30歳以下の若手建築家の展覧会）から、早いもので間もなく1年が経とうとしています。この展覧会に関わることになったきっかけは、もともと京都市立芸術大学の教え子だった古川さんが中心となって、昨年、AAFアートアンドアーキテクトフェスタというNPO法人を設立したことにはじまりました。

　当時、博士課程に在籍していた彼女に、そもそもなぜ若手建築家の展覧会をおこなう意義があるのか、という疑問を投げかけると、従来の美術の分野をこえ、建築を含めた幅広い分野をあつかうキュレーターを目指していきたいという答えが返ってきた。彼女の考えに浅羽かな部分が存在するにせよ、そのような未知の分野を切り拓いていこうとする方向性に、ある側面では行き詰まりを迎えている現代の日本の建築界に、新たな風を吹き込んでくれるのではないかという期待もあり、この活動を手助けしていくこととなりました。以来、この1年間で、いくつかの展覧会やワークショップ、レクチュアの企画を担い、たくさんの活躍をされている建築家の方を通して、建築の価値を一般者の方へ伝えていこうとする試みを見守ってきました。

　活動をはじめた当初は、やはり未熟で手探り状態ではあったものの、ご賛同をくださった心ある方々のおかげで、ひとつひとつの経験を僕も含めて積み重ねていくことができてきたように感じています。その経験の中心となった、昨年のU-30展では、

予想以上の「成果」は達成できなかったのですが、会期終了後、しばらくした後に、ゆっくり訪れてきた「効果」を実感することになり、昨年に引き続いて2回目の開催する機会を与えていただけました。

　彼女にとっては、再びU-30展を開催する機会に恵まれたわけですが、今年は新しい試みとして、出展される方たちを独自の目線だけで選んでゆくのではなく、もし可能であれば、広く、公募での出展希望者を募りたいということを希望していました。それは、このような機会をさらに建築家を目指す多くの若手にひろげたいという想いから、出展者の半数を公募で募集することになりました。しかし、30歳以下で独立して設計活動をはじめるには、多くの条件が課せられるため、果たして本当に応募が集まるのだろうか、と僕自身も半信半疑で募集をはじめたところ、昨年の開催に足を運んでくださった方々を中心に話題がひろがり、予想以上に多くの応募が寄せられたことに、少なからず驚きました。それと同時に、建築家にとっては非常に厳しいともいえる今の時代に、自らの意志で独立した若い世代への橋渡しをしていくことで、将来への希望を見出していけるのではないかと、同じ建築家として期待が膨らんでいきました。

　今年の出展者の7組と実際に会い話してみると、昨年から引き続いて出展することになった大西さんや増田・大坪さんらを中心に、それぞれの個性を表わしながらも、これからの時代を共に担っていく仲間として互いを尊重し、または良きライバルとしたいという姿勢を感じました。そこで今回の会場構成では、そんな彼らの個性を対比的に、ひとつの大きなまとまったヴォリュームとして感じてもらえるような、最小のすくない操作によって、それぞれの作品を並列に配置し、その中を来場者が自由に散策できるような構成を意図としました。20代という年代から、建築家として彼らがめざす先は、まだまだ定まっていないのが実際のところではありますが、今、彼ら自身が必死に模索する建築のあり方を、来場される皆さんに少しでも感じてもらえることをイメージしていました。

　最後になりましたが、本展を実現するにあたり、遠方にもかかわらず、シンポジウムへのご出席を快くお引き受けくださった、五十嵐淳さん、藤本壮介さんをはじめ、出展者のひとつ上の世代で活躍されている建築家のみなさんのご賛同に感謝し、いつも僕たち建築家の指標になってくださる伊東豊雄さんが、昨年に引き続き、若い世代へのご助力を、快くお引き受けくださったことを大変うれしく思います。そして、若い世代の建築家のために素晴らしいチャンスを与えてくださった旭硝子株式会社の石田さんをはじめ、展覧会の実現に際して、ご賛同くださった方々に深く感謝いたします。

　この展覧会が、出展者のみなさん、出展者と同世代のみなさん、これから建築を志すみなさん、そして関わってくださった方々にとって、新しい建築の考え方のきっかけになることを願っています。

U-30

Under 30 Architects exhibition

主 催　

後 援　

助 成　

特別協力　

展示協力　inter.office

会場協力　

特別協賛　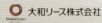　AGC studio

協 賛　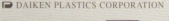

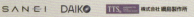

スポンサー

主　催　

後　援　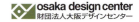

助　成　

特別協力　

展示協力　

会場協力　

特別協賛　

協　賛　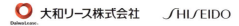

U-30 展覧会 オペレーションブック 2011

展覧会開催記念限定本

発行日	2011年9月1日（初版 第1版発行）
会　期	2011年9月9日(金) － 10月10日(祝・月)
会　場	ODPギャラリー（大阪・南港 ATC）
執　筆	大西麻貴　海法圭　加藤比呂史　ヴィクトリア・ディーマー 金野千恵　瀬戸口洋哉ドミニク　増田信吾　大坪克亘　米澤隆 伊東豊雄　五十嵐太郎　平沼孝啓 塚本由晴　西沢大良　平塚桂　藤本壮介　真鍋恒博　山内靖朗 山下喜明　吉井歳晴　渡辺詞男
発行者	古川きくみ
発　行	特定非営利活動法人アートアンドアーキテクトフェスタ 〒615-8071　京都市西京区桂春日町6-2-101
制作・編集	特定非営利活動法人アートアンドアーキテクトフェスタ
編集協力	小倉一恵 村松雄寛（株式会社平沼孝啓建築研究所）
印刷・製本	株式会社グラフィック
会場構成	株式会社平沼孝啓建築研究所
撮影・写真	繁田諭（株式会社ナカサアンドパートナーズ）